浙江经贸职业技术学院省属高校基本科研业务费项

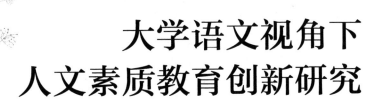

# 大学语文视角下
# 人文素质教育创新研究

谢芳　著

中国原子能出版社

图书在版编目（CIP）数据

大学语文视角下人文素质教育创新研究 / 谢芳著
. -- 北京：中国原子能出版社，2023.2
ISBN 978-7-5221-1704-1

Ⅰ.①大… Ⅱ.①谢… Ⅲ.①大学语文课 – 教学研究
Ⅳ.① H193

中国国家版本馆 CIP 数据核字 (2023) 第 041901 号

## 内容简介

本书属于大学语文教学与人文素质教育方面的著作，由大学语文人文素质教育理论、大学语文教材与课程研究、人文素质教育内涵研究、人文素质教育发展研究、大学语文教育在人文素质教育中的作用等部分组成。全书从大学语文教学入手，探讨大学语文教学经验与发展，研究现阶段我国高校学生人文素质教育的内涵与现状以及对策，并就大学语文教学与人文素质全面培养的关系进行辩证分析研究。对大学语文、高校学生素质教育方面的研究者和从业人员有学习和参考价值。

**大学语文视角下人文素质教育创新研究**

| | |
|---|---|
| 出版发行 | 中国原子能出版社（北京市海淀区阜成路 43 号　100048） |
| 责任编辑 | 王　蕾 |
| 装帧设计 | 河北优盛文化传播有限公司 |
| 责任校对 | 冯莲凤 |
| 责任印制 | 赵　明 |
| 印　　刷 | 北京天恒嘉业印刷有限公司 |
| 开　　本 | 710 mm×1000 mm　1/16 |
| 印　　张 | 13.5 |
| 字　　数 | 233 千字 |
| 版　　次 | 2023 年 2 月第 1 版　2023 年 2 月第 1 次印刷 |
| 书　　号 | ISBN 978-7-5221-1704-1　定　价　78.00 元 |

# 前　言

　　自 20 世纪素质教育的概念被提出之后，我国一直在积极探索一条适合中国学生的素质教育之路。近年来，人文素质教育开始被更多人了解，人文素质教育不仅强调个人素质提升，还关注整体人文环境的构建。

　　人文素质是人的素质的重要组成部分，体现出一个人对自己、对他人、对社会的认识、态度和行为准则。我国的教育发展中，一度出现"重理轻文"的现象，重视学生的专业技能发展与专业知识学习，忽视学生的人文素质提升，而且很多学生受到网络繁杂信息的影响，容易出现一些素质缺失、道德失范的情况。

　　很多学者认识到人文素质对个人成才与社会发展的重要性，因此积极呼吁践行人文素质教育，倡导在专业学习中渗透人文素质教育，同时开设相关课程，以促进学生的全面发展。人文素质的提升与美育、德育、智育都有很大关联，因此人文素质课程也要涉及多个领域，使学生在不同的领域学习中全面提升自己的素质。

　　而在众多学科中，可以最直接、最有效地提升学生人文素质的课程非"大学语文"莫属，通过大学语文中的篇目学习，学生可以感受作品对象的审美意趣、价值取向、精神品质等，从中学习如何做人、如何求知。大学语文课程不仅可以传授人文知识，还能使学生感受其中蕴含的人文精神，并将这些内化为自己人文素质的一部分。

　　从大学语文视角出发，人文素质教育可以与大学语文教学完美相融。同时，大学语文教学与人文素质教育都面临发展的困境：虽然理论经验十分丰富，但是实践经验比较缺乏，需要在教学实践中总结方法并验证实效性。也正因如此，大学语文教学更不应该被忽视、被边缘化，而要重新进入大学课堂，成为所有青年学生提升自我素质的必经之路。

　　本书从大学语文视角出发，对大学语文教学与人文素质教育的内涵、原则、发展、方法等进行了比较全面的研究。阐述了人文素质教育的内涵与多学科路径，指出人文素质教育的最终目的是实现人的全面发展，就当下高校人文素质教育的必要性进行分析，提供了其他国家的人文素质教育经验。并从大学语文的视角下，研究人文素质教育的具体实践路径。由于编者水平有限，难免存在疏漏和不足，敬请广大学者专家予以斧正。

# 目　录

第一章　人文素质教育的概念辨析　/　001

第一节　人文与人文素质教育内涵　/　003
第二节　人文素质教育原则　/　010
第三节　人文素质教育构成要素　/　015
第四节　人文素质教育与相关概念辨析　/　025

第二章　人文素质教育的多学科路径探索　/　031

第一节　人文素质教育的开端——文学艺术教育　/　033
第二节　人文素质教育的支撑——史学哲学教育　/　039
第三节　人文素质教育的提升——社会思政教育　/　046
第四节　人文素质教育的目标——人的全面发展　/　056

第三章　高校人文素质教育培育的必要性分析　/　065

第一节　现代大学生的人文素质教育现状　/　067
第二节　人文素质教育价值与必要性　/　073
第三节　国外大学人文素质教育启示　/　079
第四节　人文素质教育问题解决之道　/　091

第四章　大学语文与人文素质教育的关系　/　097

第一节　大学语文教育概述　/　099
第二节　大学语文教育中的人文向度　/　110
第三节　大学语文教学中人文素质教育必要性　/　117

第四节　人文素质教育背景下大学语文教学创新 / 120

## 第五章　大学语文视角下人文素质教育模式探究 / 125

第一节　课堂人文教学 / 127

第二节　校园文化熏陶 / 134

第三节　社会实践强化 / 140

第四节　网络平台历练 / 145

## 第六章　大学语文视角下人文素质教育方法研究 / 153

第一节　经典阅读与中西结合 / 155

第二节　理性思维与学科交叉 / 160

第三节　情感体验与古今相融 / 168

第四节　环境熏陶与就地取材 / 175

## 第七章　大学语文视角下人文素质教育评价与保障体系 / 181

第一节　人文素质教育评价意义与内容 / 183

第二节　人文素质教育评价原则 / 191

第三节　建立健全评价与保障机制 / 195

第四节　人文素质教育未来展望 / 197

参考文献 / 203

# 第一章　人文素质教育的概念辨析

# 第一节　人文与人文素质教育内涵

人文素质教育是教育发展的产物，是现代高校教育的重要组成部分，世界各国高校都有类似的教育内容。"人文素质教育"这一概念是我国特有的叫法，国外通常叫作"人文教育"或"人文主义教育"。研究人文素质教育，首先要厘清"人文素质""素质教育"等基本概念，从具体概念中把握人文素质教育的核心内容，这也是进一步探讨人文素质教育相关问题的理论基础。

## 一、人文

中国的"人文"一词，出现在《易经·贲经》中："刚柔交错，天文也。文明以止，人文也。观乎天文，以察时变；观乎人文，以化成天下"[①]，其中的"天文"指自然现象及其变化规律，"人文"指包括诗书礼乐在内的典章制度、风俗习惯、伦理道德等人类文明与文化，简单来说，就是人类社会的运行状态及规则。

到北宋时期，程颐对周易中的"人文"作出进一步解释："人文，人之道也……人理之伦序，观人文以教化天下，天下成其礼俗，乃圣人用贲之道也"[②]。可见在我国古代，"人文"一词指的是人事，意在人文教化。

《辞源》与《辞海》对"人文"的解释是：反映人类社会的各种文化现象。

《现代汉语词典》中是这样解释的：人文指人类社会的各种文化现象；指强调以人为主体，尊重人的价值，关心人的利益的思想观念。

在西方，"人文"一词源于拉丁文 humanitas。这是古罗马学者西塞罗在其著作中提出来的，西塞罗将希腊语 paideia 译为 humanitas。paideia 相

---

① 于海英.易经[M].北京：华龄出版社，2017：83.

② （宋）程颐，郑汝谐.伊川易传 易翼传[M].上海：上海古籍出版社，1989：85-86.

当于今天的"文化、教育"的含义，本指对当时学生开展的文法、修辞、算数、天文、辩论、音乐、天文的学科教育，也就是用以促进人的智慧与思辨的全科教育。humanitas 一词的原意是"人性、人情、万物之灵"，西塞罗将 paideia 译为 humanitas，表达了希望通过教育和教化使人获得完整、圆满"人性"的教育理想。

文艺复兴时期，人文主义思潮盛行，"人文"一词被赋予了更多含义，成为反对神权、尊重人权的旗帜。到了近现代，随着科技发展与科学主义兴起，"人文"一词与"自然科学"一词相对称，指人类在精神文明、文化领域的各种现象及发展。

通过对古今中外"人文"一词内涵的研究，可以发现，其内涵是随着历史发展不断变化的。不过总体而言，相对于自然科学、科学技术等，人文的实质都强调以人为本，是一种普遍的人类自我关怀，表现为对人的尊严、价值的维护，对人类各种精神文化的高度重视，对全面发展的理想人格的塑造与追求。

## 二、人文素质

"素质"一词最早应用是心理学与生理学的概念，指人与生俱来的解剖生理特征。之后该词被借用到教育学等领域，教育学中的"素质"指人受到环境、教育的影响，通过个体的认识与实践产生的身心方面的比较稳定的基本品质或素养。

人文素质是人的素质的重要组成部分，它体现出一个人对自己、对他人、对社会的认识、态度与行为准则。广义上，人文素质指一个人成为人和成长为人才的内在精神品格；狭义上，人文素质指文史哲艺知识与技能的内化。需要指出的是，即使是狭义意义上的人文素质，也不能将其与人文知识或理论等同起来，理论与知识本身并不能成为素质，唯有通过人的学习，内化为个体自身的学识、修养等，才是人文素质。

人文素质是人文与素质的结合，但是这种结合并不是说法与概念上的简单相加，而是在二者融合的基础上突显其基本特性与核心特征，人文素质是教育学中人文素质教育的核心内容，教育学者对人文素质的基本含义主要有以下观点。

第一，人文素质即个体的综合素质，包括人的人文科学知识、社会心理、文化修养、人文精神等方面综合形成的稳定的个体特质，是由知识、能力、情感、意志、品格等因素综合形成的品质，是个体外在精神面貌与内在精神品质的综合反映，也是现代人文明程度的整体体现。这种解释注重人文素质对个体内在品格的综合塑造。

第二，人文素质是关于人类认识自己的知识，人文素质引导人们思考人生目标、人生意义、人生价值，激励人们完善人格。这种认识强调人文素质的根本目的是使人成为真正的完整的人。

第三，有的学者将人文素质分为思想道德素质、文化素质、业务素质与身心素质，旨在从人文素质的内在分类中把握人文素质的总体内涵。这种分类探究强调人文素质是多种素质的结合。

以上这些观点从不同方面揭示了人文素质的特征，即人文素质具有综合性、整体性、内在性、生成性等特点。在与人文素质有关的研究中，人文素质被分为人文知识、人文观念、人文意识、人文情感、人文精神、人文思维、人文行动、人文价值取向、人文实践等十多个要素，不妨对其进行一番归纳总结，人文素质的内涵主要包括如图 1-1 所示三个主要层面。

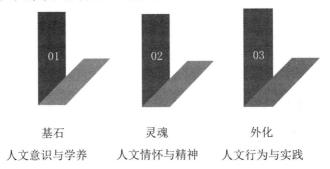

01　基石　人文意识与学养
02　灵魂　人文情怀与精神
03　外化　人文行为与实践

**图 1-1　人文素质的内涵**

首先，人文意识与人文学养是人文素质的基石。人文意识是指人在与人交往时的尊重他人、关注他人的心理倾向；人文学养指个体通过自己的学习与努力在人文学科中获得的知识与修养。自觉的人文意识与深厚的人文学养是人文素质的基石，也是个体全面发展的必要前提。

前面提到，人文知识并不等于人文素质，但是如果一个人的人文知识越扎实、越丰富，那么他解决问题的能力就越强，整体素质水平会更高，可以说，人文知识影响着个体的整体素质与发展潜力。对于高校学生而言，人文学养包括学习历史与传统、哲学与社会学、文学与经典、美学与艺术、人格心理等方面的知识[1]，不过显然，要求所有学生都习得这些知识是不现实的，人文意识的培养与人文素质的获得是贯穿一生的漫长过程。

---

① 陈强．新时代高职院校人文素质教育研究 [M]．昆明：云南大学出版社，2020：19-20.

其次，人文情怀与人文精神是人文素质的灵魂。人文情怀与人文精神是人对人的存在意义与价值的关注，体现在人的信仰、理想、道德、品质等方面，是人文知识与认识的内化和升华，决定并支配着人文行为与实践。人文情怀与精神并不是先天的，而是人在生活实践中逐渐形成并发展起来的，既与个体努力有关，也与个体所处人文环境有关。

顾明远指出，人的素质主要体现在以下四个方面：

①正确对待自然，懂得珍惜保护环境；

②正确对待社会，理解个人与社会的关系，遵守社会法律与社会公德，为社会进步做出贡献；

③正确对待他人，理解他人，尊重他人，与人为善；

④正确对待自己，正确认识自己的价值，善于剖析自己，反思自我。

这四个方面都表达了人文情怀与人文精神的本质，因此，人文情怀与人文精神并不是绝对内在的，是会借由个体处理各种关系的方法和态度体现出来的。

最后，人文行为与人文实践是人文素质的外化。人文行为与人文实践是人文意识、人文学养、人文情怀与人文精神的立足点，也是衡量个体是否具有一定人文素质的显性标志。素质似乎是一个内在的概念，但是素质可以支配行为，并且素质一词也包含技能的意思，因此，将人文行为与实践也列为人文素质的重要内容。人文行为与实践可以体现在社会生活的方方面面，比如坚持民族气节、坚持真理与正义、积极为集体做出贡献、友善他人、互帮互助、遵守公德秩序等。

对具体的人而言，人文素质就是通过自己的认知与实践，将外在的人文知识、人文标准等内化为自己的精神品质、思想性格，并将这些内在品质转化为具体的行为。

## 三、素质教育

### （一）素质教育的内涵

20 世纪 80 年代后期，我国开始出现"素质教育"的声音，旨在全面提高学生素质，纠正片面追求升学率的不良现象，引发了教育界的大讨论。1987 年，柳斌在《努力提高基础教育的质量》一文中，首次使用了"素质教育"一词①，之后的三十多年中，"素质教育"一直伴随着我国教育使用的改革发展，成为全国各个学校教育的重要内容。

1997年，朱开轩指出，素质教育从本质上说，是以提高全民族素质为宗旨的教育。素质教育是为实现教育方针规定的目标。着眼于受教育者群体和社会长远发展的要求，以面向全体学生、全面提高学生的基本素质为根本目的，以注重开发受教育者的潜能、促进受教育者德智体诸方面生动活泼地发展为基本特征的教育②。

1997年，原国家教委在《关于当前积极推进中小学实施素质教育的若干意见》中指出，素质教育是以提高民族素质为宗旨的教育，它是依据《教育法》规定的国家教育方针，着眼于受教育者及社会长远发展的要求，以面向全体学生、全面提高学生的基本素质为根本总之，以注重受教育者的态度、能力，促使他们在德智体等方面生动、活泼、主动地发展为基本特征的教育。素质教育要使学生学会做人、学会求知、学会劳动、学会生活、学会健体和学会审美，为培养他们成为有理想、有道德、有文化、有纪律的社会主义公民奠定基础③。这是我国在政府文件中首次对"素质教育是什么"进行的明确阐述，这一定义的提出基本消除了当时有关素质教育应如何定义等方面的诸多争议。

1999年，我国首次提出素质教育的具体目标与方向：实施素质教育，就是全面贯彻党的教育方针，以提高国民素质为根本总之，以培养学生的创新精神和实践能力为重点，造就有理想、有道德、有文化、有纪律的德、智、体、美全面发展的社会主义事业建设者和接班人④。

简单来说，素质教育就是以提高受教育者素质为目的的教育模式，注重人的思想道德素质、能力培养、人格发展、身心健康教育，强调人的全面发展，而并不局限于学术才能。素质教育的提出及一系列解释，为我国21世纪以来素质教育的发展奠定了良好的基础。

---

① 柳斌. 努力提高基础教育的质量 [J]. 课程. 教材. 教法，1987，（10）：1-5.

② 朱开轩. 全面贯彻教育方针　积极推进素质教育——在全国中小学素质教育经验交流会上的讲话 [J]. 学科教育，1997，（10）：2-8+27.

③ 关于当前积极推进中小学实施素质教育的若干意见 [J]. 人民教育，1998，（01）：11-14.

④ 中共中央　国务院关于深化教育改革全面推进素质教育的决定（1999年6月13日）[J]. 中国高等教育，1999，（Z1）：3-7.

### （二）素质教育的特点

素质教育着眼于人与社会长远发展的要求，与只追求成绩或技能学习的教育有很大不同，素质教育特点如图1-2所示。

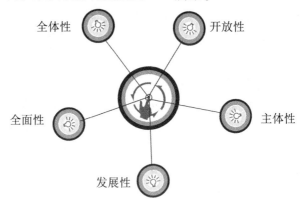

**图1-2　素质教育特点**

首先，素质教育具有全体性特点。素质教育必须面向全体学生，并且贯穿教育的整个阶段，在小学、中学、大学的教育中，素质教育都是必不可少的重要部分。素质教育旨在使每个学生都成为素质教育的受益者，获得成为合格公民必备的基本素质。

其次，素质教育具有全面性特点。素质教育并不单指某一方面素质的教育，而是面向人的综合素质。要明确素质教育不是为升学做准备，也不是为就业做准备，而是为受教育者的人生做准备。

再次，素质教育具有发展性特点。素质教育的发展性指每个学生都拥有可被开发的潜力，素质教育重视学生潜能与个性的开发，教师、学校等外部环境要致力于技法学生的无限创造力与潜能，使每个学生都有机会在自己擅长的领域充分发挥才能。另外，随着时代的发展，素质教育也要做到与时俱进，根据社会发展需求丰富素质教育的内涵。

另外，素质教育具有主体性特点。从根本上说，素质教育的主体性是教师在教育教学过程中，要尊重学生的自主创造意识与主体意识，充分调动学生的学习积极性，这样才有可能实现素质教育的目标。与其他教育实践一样，素质教育也需要学生主体的充分参与，只有学生有了自主学习的意识与能力，素质教育的实现才成为可能。

最后，素质教育具有开放性特点。素质教育涉及学生的全面发展，因此要求教育的内容、方式、空间等都要进行拓宽。比如素质教育并不局限于学校教育，家庭教育与社会教育也是素质教育的重要组成部分，只有三方结合，才能形成真正的素质教育网络。

## 四、人文素质教育

人文素质教育是对个体或群体的人文素质的培养进行积极引导与自觉干预的一种社会活动或行为。人文素质教育的实质就是做人的教育，做人的教育正是教育的最终目的，因此，人文素质教育体现了教育的初衷与本质，是教育的重要组成部分，也是教育活动的核心价值所在。

从人文素质教育的基本内涵来说，人文素质教育就是通过知识传授、环境熏陶与自我反思等多种教育方式，将所有自然科学与社会科学的优秀成果传递给个人，使之内化于个体的思想之中，培养其独特的气质、修养、品德和素质，并将其具体化到实际行为的教育过程中。即人文素质教育是传授人文知识、塑造人文精神、体现人文行为的教育过程。

传授人文知识是人文素质教育的基本内容。人文素质是以人文知识为载体的，人文素质教育必须通过知识的传授过程得以实现，人文素质的提升也需要人文知识的学习与内化。有学者将人文素质教育概括为人文教育与艺术教育，也有人主张从显性人文知识与隐性人文知识的角度概括人文知识，虽然大家对人文素质教育与人文知识的具体分类有不同意见，但是人文素质以人文知识为根基，人文素质的提高必须通过学习人文知识为途径来实现，这是毋庸置疑的。

塑造人文精神是人文素质教育的根本目标。人文素质教育强调素质而非知识，如果只有丰富的人文知识却不能形成人文素养，那么知识与行为之间就永远是割裂的，无法做到知行合一，也就不能实现人文素质教育的根本目标。因此，人文素质教育必须包含人文精神塑造的内容，通过传授人类积累的经验、智慧、精神等，使人们认识生活、认识自我、理解生命的意义、找到生活的方式，人文精神的教育和培养是人文素质教育的核心。

体现人文行为是人文素质教育的重要部分。行为是人类思想的呈现，思想主导行为，人文精神的塑造正是为更好指导人们进行社会实践或价值行为选择，人文行为就是促使内在的人文知识与人文精神的同一性得到具体、现实的呈现，是人文素质教育的重要部分，也是人文素质教育的重要目标。

人文素质教育的这三层内涵互相支撑、缺一不可，只有人文知识的积累才有助于人文精神的塑造，只有人文精神的确立才有获取人文知识的内在驱动力，只有确立人文精神才能表现出自觉的人文行为，人文知识与人文精神都要通过人文行为来体现。因此，三者并不是递进的关系，而是人文素质教育中的系统的、统一的、同步的过程。

总之，人文素质教育是通过各种教育形式，引导学生在自身知识与修养的基础上进行一定的实践活动，并将人类优秀的文化成功转化为个体自身的经验，沉淀成扎实的人文科学基础知识、形成良好的社会心理与文化修养，最终树立人文精神、塑造完美人格的教育活动。

# 第二节　人文素质教育原则

人文素质教育的原则就是在高校人文素质教育活动中要遵循的基本准则，教育原则不仅在宏观上起到指导人文素质教育活动的作用，还可以在微观上对人文素质教育活动的具体环节进行规范与调控。现代高校的人文素质教育需要遵循理论与实践相结合、继承与创新相结合、专业与人文相结合、教化与熏陶相结合这几项原则。

## 一、理论与实践结合原则

理论联系实际，这是唯物辩证法的基本要求，是指导人类活动的基本思想之一，也是所有教育教学活动的首要原则。古今中外很多思想家、教育家都对此做出过探讨，如我国古代就有类似的讨论，如《荀子》中"知之不若行之，学至于行之而止矣"以及明代王阳明倡导的"知行合一"等说法，古希腊的智者派也提出"没有实践的理论和没有理论的实践都没有意义"的观点。

理论与实践相结合的原则反映到人文素质教育中，包含两重含义：第一，在人文素质教育中，教师要将基础理论与现实生活实际结合，将教育的普遍规律与人才培养目标、课程体系、师生具体情况等结合起来，制定切实可行的教育计划，教导学生掌握基本理论；第二，在实践教学环节中，要坚持理论知识的指导与主导作用，善于将理论揭示的一般规律应用于实践中去。将理论教学与实践活动协调统一，既将理论应用于实践中，又通过实践进一步认识理论，这是人文素质教育取得成效的最根本途径。

比如大学生人文素质教育主要内容为人文社科知识，这些知识的对社会实践经验的高度总结与概括，对于学习者而言，属于间接经验。如果教师不考虑学生的实际情况，不联系学生熟悉的现实生活或实践经历，抽象的理论知识无法使学生感受到真实感，甚至无法掌握或者不愿学习这些知识。因此，抽象的理论知识一定要与具体实践结合，通过实践教学弥补学生直接经验的不足，使学生可以自然、深刻理解吸收这些人文社科知识。

理论学习与实践教育是当代大学生人文知识与道德能力的重要组成部分，要坚持使用先进的、科学的理论去武装学生的头脑，避免落后的、愚昧的思想的侵蚀，特别是现在互联网上充斥着太多金钱主义、享乐主义，只有通过思想政治教育，才能帮助学生形成坚定的正确的社会主义价值观。同时，人文素质教育有利于提高学生的认知水平与理论思维能力，并且在教育过程中，要多组织相关教育实践活动，引导学生接触社会、深入生活，通过参与实践正确认识并解决现实问题，提升分析问题与解决问题的能力。理论学习与实践教育在人文素质教育过程中缺一不可。

那么，如何坚持理论与实践相结合的原则呢？首先，教师在教授理论时，要使用多种教学方法引导学生确切了解理论的形成与发展过程，用于论证的材料要尽量做到真实、贴切、有趣，这样可以帮助学生对人文素质教育中的各种理论有准确的把握。其次，要结合当代学生的具体情况，有针对性地进行人文素质教育，由于一些西方思潮的冲击与市场经济的发展，不少学生都存在信念模糊、价值取向扭曲、诚信意识淡薄、缺乏责任感、贪图安逸、心理素质欠佳等问题，教师要先了解学生的思想实际，准备相应的教学内容、教学方法等，只有结合学生实际，才能最大程度发挥人文素质教育的积极作用。最后，要重视教师的作用，教师自身要有较高的人文素养，并且对教学要有真实的情感投入，这样的教师才能切实有效帮助学生人文素质的提高。

## 二、继承与创新结合原则

我国拥有悠久灿烂的历史文化，《论语》中提出的"知之者不如好之者，好之者不如乐之者""仁者爱人""文质彬彬，然后君子"等至今仍有十分重要的现实意义，文天祥的"人生自古谁无死，留取丹心照汗青"、顾炎武的"天下兴亡，匹夫有责"、林则徐的"苟利国家生死以，岂因祸福避趋之"等名句对当代学生仍有积极的教育作用，这些优秀的传统文化与中华民族的传统美德都是值得我们继承的。此外，世界上一切先进文化都可以继承并结合中华文化得到进一步发展，比如美国精神中的自由平等、欧洲国家的现代艺术等。古今中外这些人类的宝贵财富，都应该成为人文素质教育的一部分。

创新是一个民族进步的灵魂，是一个国家兴旺发达不竭的动力，在继承的同时，也要坚持不断创新的原则，文化本身就不是静止不变的，而是随着时代不断发展变化的。同样的，教育也是传统的继承与创新的统一，在人文素质教育活动中，传统的教学经验与规律要经常应用于教学实践中去，同时要摒弃那些僵化的、死板的、落后的教育内容与方法，同时探讨新颖的、生动的、先进的、符合当下形势的教育内容与方法。

人文素质教育的继承与创新包括以下几点。

第一，教育理念的继承与创新，人文素质教育从提出到发展至今，其内涵与理念也是一直在继承基础上不断创新发展的，教育工作者要不断解放思想，学习新的教育理念，并以此指导教育实践活动。

第二，教育内容的继承与创新，对学生进行人文素质教育的时代背景在不断变化，不同的时代背景对人文素质教育的内容有不同的要求。对人文素质中优秀的内容要坚决继承，对不符合时代发展的内容要坚决抛弃，并努力赋予人文素质新的时代内涵，创造新文化，推动时代与社会的进步。

第三，教育方法的继承与创新，人文素质教育如果还停留在传统老方法上，是无法取得理想的教育效果的。在教育活动中，要摒弃说教的、灌输的、单向的教育方法，而是采取"教育"与"教化"结合的教育方法，将人文素质教育渗透到每一堂课上、浸入校园文化的每个方面中，积极使用互联网等现代技术，吸引学生在广泛参与中提升自己的综合素质。

另外，人文素质教育的教育工作机制与工作环境也要继承创新，抛弃以前的"唯分数论"的观点，建立平衡高效的工作机制，而且新时代的教育不应只局限于学校与课堂，要注重学生人文素质教育工作环境的创新，让教育走出课堂、走出学校，社会环境对人文素质教育也有着不可忽视的影响。

高校肩负着培养社会主义现代化建设者与接班人的重任，人文素质教育工作是无止境的持续过程，在这个过程中，只有做到继承优良传统、大胆变革创新、不断与时俱进，才能不断增强高校思政教育的实效，真正切实提升学生的综合能力与人文素养。

## 三、专业与人文结合原则

专业与人文结合，就是在专业知识教学过程中，在教授学生专业知识与专业技能的同时，将人文素质教育渗透其中，提高学生的文化品位、审美意趣与人文素养。在这个过程中，专业教学与人文素质教育不是平行关系，也没有先后之分，而是有机结合在一起的。如果单纯进行专业教学，就无法提升学生的人文素质，这样即使学生学到了专业技能，也很难利用自己的专业能力做出应有的贡献，这样的教学也不能算是成功的教学。但丁曾说"一个知识不全的人可以用道德去弥补，而一个道德不全的人却难以用知识去弥补"，说的正是这个道理。

人文素质教育要遵循人的思想发展规律，融入各专业教学内容中，以潜移默化的方式对学生进行人文素质教育，二者的融合有着重要意义。第一，可以形成教育合力，产生新的教育力量，这种教育合力可以产生"整体大于局部之和"的综合效应，将人文素质教育融入专业教学中，就意味着每位教师都是人文素质的教育工作者，每节课堂都成为人文素质教育的舞台，这对于学生提高人文素质具有十分广泛又细致的影响。第二，人文素质教育与专业知识教学结合，可以促进学生思想发展的良性循环，产生春风化雨的效果，学生在学习专业技能的同时，于不知不觉之间受到了人文素质的教育，在自然熏陶下提高自己的综合素质，达到较理想的教育效果。

在人文素质教育过程中，要做到专业教学与人文素质教育结合，要坚持以下三点，如图 1-3 所示。

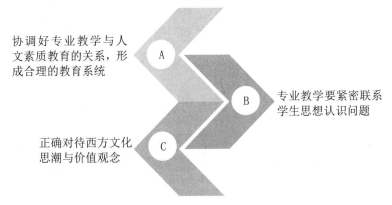

图 1-3　如何做到专业教学与人文素质教育结合

首先，要协调好专业教学与人文素质教育的关系，形成合理的教育系统，这就需要每位教师都对自己所教专业内容有深刻理解，这样才能在完成教书任务的同时，尽到育人的职责，提高学生的专业素养与人文精神。

其次，专业教学要紧密联系学生的思想认识问题，当今大学生拥有更加独立、自由的思想，同时也更容易被互联网带来的一些不良思想影响，教师要多关注学生的思想认识变化，对于一些普遍的问题或疑惑，在教学过程中做出适当的及时的引导。

最后，在人文素质教育中，教师要带领学生，针对西方国家的文化思潮与价值观念，做出客观的分析与批判，提高学生对不同社会思潮的分辨能力，坚定自己内心的信仰。

总之，文科学生需要具备一定的自然科学知识储备，理工科学生也需要多学习人文社科类知识，无论主修什么专业，在学习专业知识与专业技能之余，也要将目光投向其他学科领域的内容，用丰富的知识武装自己。教师也要多引导学生开阔眼界，多了解不同领域、不同行业的知识，这对学生人文素质与整体素养的提高十分有益。

### 四、教化与熏陶结合原则

人文素质教育范畴中的教化指社会主义核心价值体系下，对各种文史哲基本知识、艺术知识、人文社科知识、民族精神等内容的教育，教化是一种显性教育，是教育者通过一定的教育手段，使受教育者直接受到教育或感化的过程。熏陶则是利用环境的力量对受教育者进行教育的方法，是一种无形、无限的教育过程，如通过教师的人格魅力、丰富的校园文化等方式对学生进行潜移默化的教育。

在人文素质教育活动中，只有教化显得过于死板，对学生来说提升人文素质更像一种任务，而不是自身发展需求；如果只有熏陶，则无法形成体系化的人文素质教育，不利于学生素质的全面提升，因此，只有将二者结合起来，才能真正达到人文素质教育的目的。

人文素质教育范畴中的教化主要有理想信念的教化、民族精神与时代精神的教化以及专业知识的教化。

理想信念的教化包含两个层面。第一，坚持马克思主义的指导思想。马克思主义是我们立党立国的根本指导思想，马克思主义为我们提供了正确的世界观和方法论，只有更多学生学习马克思主义，树立坚定的马克思主义理想，我国才能不断繁荣发展。第二，坚持中国特色社会主义共同理想，马克思将理想问题与人类历史发展规律内在联系起来，使人们对理想有了更科学的认识，我国正迈入社会主义现代化建设的新征程，构建社会主义和谐社会的任务十分艰巨，需要广大学生坚持社会主义共同理想，投身社会主义建设。理想信念的确立是需要教师通过课堂、讲座等教学手段，旗帜鲜明地展开马克思主义与社会主义价值观的教育。

民族精神与时代精神是一个民族赖以生存和发展的精神支撑。在五千多年的历史发展中，我国形成了以爱国主义为核心的团结统一、爱好和平、勤劳勇敢、自强不息的伟大民族精神，在改革开放时期，又形成了勇于改革、敢于创新的时代精神。在高校教育中，民族精神与时代精神是重要的教育内容，只有以此为引导，才能鼓舞更多学生形成民族自豪感与时代责任感，将我们的民族精神与时代精神不断发扬光大。

此外，专业知识也是需要教师通过一定的教学途径传授给学生的，需要学生在课堂上系统地接受前人的经验与成果，教师要在教学过程中，严谨、科学、客观地进行专业知识的授课，这样，学生才能在自己的专业领域学有所得，并将学到的知识应用于社会实践中。

除教化外，熏陶也是学校教育中一种行之有效的教育方式，熏陶具有导向与迁移的功能，可以在潜移默化中，渗透受教育者的心理，左右受教育者的言行，并且还可以将所学知识、技能等内化为自己知识体系、道德体系的一部分。目前人文素质教育范畴的熏陶主要是用于美育、德育等方面，包括校园文化的熏陶、教师素养的熏陶、美育的熏陶等。

高校校园文化是在学校的特定环境中形成的对学生起到显性与隐性教育的文化总和，由自然的物质的校园文化与社会的精神的校园文化组成，校园文化一旦形成，对教师群体有群策群力、团结协作的作用，对学生群体有潜移默化、陶冶情操的功效。

同时，教师是人文素质教育的主导者，教师的素质很大程度上影响着素质教育的实施，学生在学习过程中，可以从教师身上得到知识的传授与修养的熏陶，促使学生综合素质的进一步提高。

除此之外，美育对学生培养高尚审美情操、提高审美修养具有十分重要的现实意义，美育还可以使大学生按照美的规律来构建和谐社会。如果只靠教化的方式，是无法使美育深入人心的，学生对美的感知要渗透在生活的方方面面。

将教化与熏陶结合的人文素质教育，很好地符合了大学教育与人文素质教育广泛性、发展性的特点。从学生的成长规律来讲，现代高校学生获取知识的途径日益多元化，教化与熏陶的有机结合有利于学生更好掌握多种文化知识，有利于提高学生的综合素质。

# 第三节　人文素质教育构成要素

人文素质教育由教育者、受教育者、教育环境与条件这三个主要因素构成。教育者指可以增进人们的知识技能，对受教育者德智体等方面发挥教育影响作用的人。学习者即受教育者，指在教育活动中以学习为主要职责的人，包括在校学生，也包括接受多种形式教育的其他人。教育环境与条件指经过筛选和改造的外部环境，如教室、校园、图书馆、社会环境等，这些都会对高校人文素质教育活动产生影响。

## 一、人文素质教育构成要素：教育者

教师是人文素质教育活动的重要实行者，教师的教育品质与人文素质对受教育者的自我修养有着十分重要的引领与熏陶的作用。教师一方面要对育人有高度的责任感，无论课堂教学还是课外活动，都要帮助学生朝着正确健康的方向发展；另一方面教师自身也要具备高水平的人文素养。

### （一）教师的人文素质储备

首先，从事人文素质教育的教师要有教育使命感与社会责任感。教师要通过教学将人类的智慧经验、文化积淀传授给学生，教会学生完善心智、理解人生，从而找到生命的价值与正确的整活方式，这是教育的根本使命。而如果一个社会缺少了人文精神，这个社会一定是无法进步的。因此，教师在人文素质教育过程中，要站在人类精神文化的高度对待每一堂课、每一个学生，这样才能将人文关怀、创新意识、理性思想的精神传输给学生，学生才能成长为具有极高人文素质的人才。

其次，从事人文素质教育的教师应该具有平等民主的理念与尊重他人的意识。教师在面对学生时，要以平等之心对待，学会换位思考，多一些平等交流，少一些说教训斥，并且教师对待所有学生要一视同仁，有教无类。只有给予学生足够的尊重，人文素质教育才能走进学生的内心，真正引领学生的成长之路。

再次，从事人文素质教育的教师要具备渊博的知识与深厚的涵养。知识渊博是人文教师的内在基础，培根在《论读书》中说到"读史使人明智，读诗使人灵秀，数学使人周密，科学使人深刻，伦理使人庄重，逻辑修辞之学使人善辩"，教师是人类文明的传递者，因此教师要多读书以充实自身，在博览群书的过程中拓宽文化视野、提高思想高度。在人文素质教育活动中，教师面对的学生有着最诚实的态度、最善良的愿望、最美好的期望，教师要通过自己的学识修养，为学生指引前行的方向。

最后，从事人文素质教育的教师要注重人格修养，不能只注重名利。人文素质教育的过程不仅仅是传授知识的过程，更是启迪智慧、开导人生的过程，是教师人格修养与人格魅力的延伸。乌申斯基说"教师的人格，就是教育工作的一切"，教师要用自己的人格魅力影响和教育学生，使学生在获得知识的同时，也获得丰富优美的情怀，提升对美的感知与对内在修养的重视。此外，教师要正确对待名利，不过分追求功利，引导学生形成正确的价值观念，避免学生在人文素质提高的过程中走弯路。

### （二）教师的教育品质

教师除了自身要有较高的人文素养与人格修养之外，还肩负着教育的重任，因此教师还要具有合格的教育品质与教学能力。诲人不倦的教育教学品质是人文素质教育得以持续发展的根本所在。

首先，"心中有爱"是教育者的根本品质，爱学生是所有教育工作者的基本要求，英国教育学家伯特兰·罗素曾说"为爱所支配的知识是教育者所必须的，也是他的学生所应当获得的"。从事人文素质教育的教师要具有更加良好的师德，唯有学生感受到"爱的教育"，才能从内心认可教师的教育教学，从而产生提高自身人文素质的内驱力。

其次，教师要具备良好的专业品质，包括教育教学理论、广博的专业知识与学识、不断学习的进取精神等，是教师综合能力的集中体现。教师的专业品质会在教学过程中对学生的身心发展产生直接或潜在的影响。教师要具有系统专业的教育学识，以教育理论为指导，促进自己对教育的认识、改进教育实践与进行教学反思，这是指导学生学习与实践的最重要能力。

最后，教师要具备优秀的教学能力，这是教师完成教学活动的必备条件，同时教师的教学能力还影响着教学活动的效率与成果，教师的教学能力主要表现在如图 1-4 中所示几个方面。

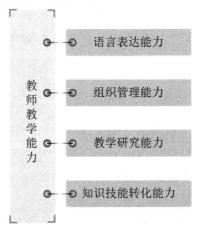

**图 1-4 教师教学能力主要表现**

第一，语言表达能力是保证教学效果、教学质量的重要前提，教师的语言表达能力取决于思维能力、逻辑能力等。教师在教育过程一定要做到语言准确简介、思维缜密生动、表达富有感情，必要的时候可以辅以身势、表情等，便于学生与教师进行更亲密的情感交流。

第二，教师的组织管理能力可以帮助教师在教学过程中对各种变量进行控制，最大限度调动学生的学习积极性，从而取得最佳的教与学的效果。教师要制定合理的教学计划，安排教学活动，并在计划实施过程中，结合学生的特点或学习状态，调整教学节奏推进教学活动。此外，教师要能够组织学生的自主学习与自我教育，帮助学生全面提高学习能力与综合素养。

第三，教师的教学研究能力是不断提高教学质量的催化剂，这不仅有赖于教师教学经验的积累，还需要教师主动学习科学的教学理论并将其应用于教学实践中，并且要能够将自己的教学经验上升到理论的高度。教师具备较强的教学研究能力，才能发现教学过程中的问题，从而改进教学工作，提高教学效率，推动学生对知识的快速接受，促进学生身心健康发展。

第四，教师要具备知识技能的转化能力，即对所讲授的知识进行概括、加工、改造的能力，这种能力建立在教师对教学内容与教学对象有着充分了解的基础之上，根据知识特点与学生认知特点，处理好教学中技能训练、情感态度培养等教学目标的关系，如此方能使学生在接受专业教育的同时，获得人文素质教育。

## 二、人文素质教育构成要素：学习者

在人文素质教育活动中，教育者起到主导作用，学习者则是学习活动的主体，应居于主动、积极、创造的地位，只有学习者充分发挥主观能动性，教育的目的才能得以实现。学习者要通过人文素质教育掌握丰富知识、学习能力、学习意识等，这些又可以反过来促进学生人文素质的持续提高。

### （一）合理的知识结构

知识结构指个体的知识构成状况，即各种知识的比例、联系、相互作用形成的整体功能。知识结构可以分为三个不同的层次：基础层次指数学、物理、历史、生物、外语、经济、政治、艺术等学科的最基础的知识；中间层次指一般的系统的专业基本理论与专业基本技能等专业知识；高级层次则指专业前沿成果、学科边缘、攻坚方向、研究动态等专业知识。

现代心理学认为，合理的知识结构有利于同化原有知识并形成新观点，合理的知识结构具有以下特点。

第一，知识的多功能性与动态性。合理的知识结构包括基础人文社科知识、专业知识、跨学科知识等多方面、多类型的知识，这些不同的知识有着内在的联系，共同作用于学习者的扩散性思维。良好的知识结构不仅是多样的，还是不断发展更新的，一方面，大脑中的知识结构是一个有机的整体，另一方面，个体在实践过程中，已有知识与外界进行双向交换，就是更新知识结构的过程，思维越活跃、学习实践活动越多，知识结构的动态性就越强。

第二，知识结构中正式知识与非正式知识互相渗透，正式知识可以理解为前人留下的理论性知识，非正式知识则是由自己亲身实践积累所得。一般来说，正式知识更加宏观，具有一般性，非正式知识则更加微观、具体，二者结合，才是合理的知识结构。正式知识可以快速丰富学习者的知识储备。非正式知识可以丰富理论认识，促进正式知识的内化，而且经常是创新思维的激发点。

第三，合理的知识结构中有大量程序性而非陈述性知识。简单来说，陈述性知识只是陈述现象，解决"是什么"的问题，程序性知识则要求明确了事物的条件和线索，是关于"怎么办"的知识，体现了一个人解决问题的能力与创造能力。

### （二）均衡的学习能力

学习者进行人文素质内容的学习，至少需要三个心理因素：智力因素、非智力因素与策略因素，将这些可以帮助学生有效完成人文素质教育活动的因素统称为学生的学习能力[1]。学习者的学习能力是有效进行人文素质教育活动的重要前提。

高校学生的学习能力又可以分为一般学习能力与专业学习能力两种。一般学习能力指学生从事各项学习活动所必备的能力，如认知能力、语言表达能力、阅读能力、逻辑思维能力等，是个体在学习活动中形成并发展的一种学习能力。专业学习能力，即学科知识的学习能力，是指在特定专业中形成发展的、对专业学习活动有重要影响的心理条件，比如实验操作能力、文献查找能力、学术报告能力等，专业学习能力是学生进行专业学习的必要条件，也是将来从事专业实践的必备能力。

---

[1] 李洪玉，何一粟.学习能力发展心理学[M].合肥：安徽教育出版社，2004：104-105.

学习策略的获得与应用是学习能力形成与发展的标志，学习策略指在学习过程中用来促进知识的获得与保留，从而提升学习效率的各项活动，简单来说就是学习者在学习过程中使用的方法与技术[①]。事实上，学习能力较好的学生，就是能够有效使用学习策略的学生，学习策略的获得要通过学习与实践经验实现，是学生学习能力的重要外在表现。

### （三）积极主动的意识

人文素质教育是一项复杂的学习过程，涉及认知能力、记忆能力、学习能力、心理素质等诸多因素，而积极主动的心理状态与学习意识有助于学生掌握人文素质教育的内容，提升自己的综合素质。这种主动意识主要体现在以下几个方面。

第一，学生要对所学内容产生兴趣，对未知的事物充满好奇。当人对某一事物产生兴趣时，就会表现出极大的积极性，全身心投入到对事物的认知中，学习也是如此，学习兴趣可以直接转化为学习动力，激发学生学习的积极性，推动学习活动的进行，有助于学生对知识的掌握与优良学习品质的形成。而且兴趣可以唤起学生克服困难的信息，保持学习过程的旺盛精力；还可以提高创新思维与创新能力，促进综合素养的全面提升。

第二，要树立明确的学习目标，学习目标是学生希望通过努力达到的某种结果或状态，是学生自我实现的需求。根据马斯洛需求层次理论，人的最高层次需求就是自我实现的需求，这种需求激励着人不断进步、不断突破自我。在人文素质教育过程中，学生与教师都要根据实际情况，确定合理的教学目标，在思想上认可并重视人文素质教育的重要性与价值。

第三，学生要有端正的学习态度，学习态度指学习者对待学习的选择性倾向，是影响个体学习行为的内在的稳定状态。学习态度基于学生对学习的认知理解形成，受到学习者的认知因素、情感因素、意向因素与外部因素的影响[②]。只有端正的、积极热情的学习态度与强烈的求知欲望，才能形成学习知识、探求真理的动力，才能促使学生不断提高自己的人文素质。

## 三、人文素质教育构成要素：教育条件

在人文素质教育活动中，教育者与学习者之间的互动交流需要通过一定

---

① 穆刚.论大学生学习能力的培养[J].教育与职业，2009，（32）：171-172.

② 马明华，涂争鸣.高校人文素质教育论[M].广州：华南理工大学出版社，2010：50-51.

的教育环境与教育条件来实现，比如教室、校园、互联网等，在高校人文素质教育中，教育条件还包括校园文化、校园人文景观、社会实践活动等，这些外部环境对学习者的人文素质有着潜移默化的影响。

## （一）适宜的校园文化

校园文化是一所学校学生精神风貌的整体表现，是学生文明素养、道德品质的综合反映，也是社会主义精神文明在学校层面的具体体现。大学校园文化是高校实施人文素质教育的重要依托，校园文化对学生的影响，是任何课程、讲座、活动等教学手段都无法比拟的，通过校园文化活动营造出来的环境与氛围对人的心理具有辐射作用，于无形之间规范引导了学生的思想行为，正因如此，校园文化的建设对人文素质教育有着不可替代的作用。

校园文化在人文素质教育活动中的作用如图 1-5 所示。

01 教育导向的作用
促进创造的作用 02
03 规范教育的作用
娱乐调节的作用 04
05 促进人的全面发展的作用
激励凝聚的作用 06

图 1-5　校园文化对人文素质教育的作用

### 1. 校园文化具有教育导向的作用

首先，高校是传播社会主义优秀文化的重要阵地，可以通过各种校园文化活动，向学生进行马克思主义思想与社会主义价值观的教育，以学生的广泛参与为基础，对高校学生进行爱国主义、集体主义、社会主义教育。其次，先进的校园文化有利于学生人文素质的提升，学校可以利用文化设施开展知识竞赛、讲座报告、社团活动等多种人文活动，以开阔学生视野，提高人文素质。再者，一些校园文化活动可以增强学生与社会的联系，促进人与人之间的沟通，使学生的综合能力得到锻炼，人文素质不断提升。

### 2. 校园文化具有促进创造的作用

创造是一个民族进步的灵魂，是一个国家兴旺发达的不竭动力。创造力的产生需要学生在掌握专业知识的同时，提高自己的综合素养，通过多种校园文化实践，将知识内化为自己的能力与素质。在各种第二、第三课堂中，通过以科学技术为主的劳动教育与综合教育，培养学生的实践探索能力与实践创造能力，在实践中正视失败与成功，提高心理素质与人文素质。

### 3. 校园文化具有规范教育的作用

校园文化的重要特征之一就是全体师生认同的集体意识，因此对校园中的每个人都有一定的规范与约束作用。高校的校园文化为教师与学生提供了评估道德品质、行为方式与人格特征的内在尺度标准，这种内在的标准规范着每个人的言行举止。比如高校的校训、校风、校规校纪等制度文化与道德文化都为校园人的人文素质提供了一定的参考标准，促使师生共同形成良好的素质，并推动校园文化的良性发展。

### 4. 校园文化具有娱乐调节的作用

校园文化并不一味是教育作用，也可以起到重要的娱乐调节作用，从而创造一个轻松愉快的学习与生活环境，劳逸结合的环境也有助于学生身心健康发展。高校学生处于角色社会化的转换时期，原有的思维习惯与价值观念难免受到现实的冲击，这就需要借助校园文化的调节作用，建设高质量的活动中心、举办多姿多彩的校园活动，使学生主动接受精神文明的陶冶，并在这些活动中提升人文素质。

### 5. 校园文化具有促进人的全面发展的作用

全面发展是学生人文素质达到较高水平的整体体现，也是人文素质教育的重要目标，学生只有成为全面发展的人，才能形成自我充实、自我调整、自我控制的内在系统，才能具备在复杂社会中坚定内心、不断成长的前提。实现高校学生的全面发展，无时无刻不需要校园文化的参与，只有在先进的校园文化熏陶中，学生才能将做学问与做人相结合，才能实现人文素质的提高与自我发展。

6. 校园文化具有激励凝聚的作用

校园文化的核心是共同的价值观念，优秀的先进的校园文化对青年学生的成长有着十分积极的意义，良好的人文环境，往往会产生激励与凝聚作用。即每个人都可以得到尊重与自我实现，每个人的进步与贡献都会得到鼓励与赞赏，校园文化促使每个人不断调节自己的内心与行为，以使自己融入校园文化，获得外界的肯定，这样就可以很好地激励广大学生不断提升自我，从而创建积极向上的人文素质教育的氛围，并实现高等教育的良性发展。通过校园中的各种集体活动，教会学生如何尊重他人、与他人合作、处理各种问题，这是人文素质的最基本要求。

### （二）丰富的教育途径

人文素质教育除了校园文化的熏陶之外，还要靠学校的各种软硬件设施，现代校园中有丰富的实现人文素质教育的途径，下面以互联网教育与社会实践教育为例进行研究。

1. 互联网教育

随着高等教育的扩招与网络技术的发展，高校越来越重视互联网教育对学生掌握科学知识、提高人文素质过程中的重要作用，互联网在人文素质教育中的主要作用如图1-6所示。

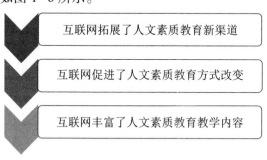

互联网拓展了人文素质教育新渠道

互联网促进了人文素质教育方式改变

互联网丰富了人文素质教育教学内容

图1-6　互联网对人文素质教育的作用

首先，互联网教育拓展了人文素质教育的新渠道。学生可以通过互联网教育进一步学习并巩固人文知识，互联网获取信息具有丰富性与自主性，学校可以通过互联网开展人文素质教育，这对学生的个性化教育与终身教育具有重要意义。互联网教育在一定程度上克服了传统教育影响面较小的局限性，有助于人文素质教育的具体化与生活化。

其次，互联网教育促进了教育方式的改变。传统的人文素质教育中，教师是教育者，学生是受教育者，教育具有一定的单向性，由于教师与学生都有各自的教学任务，因此交流沟通的机会并不太多。但是，通过互联网教育，学生可以与教师或其他学生共同探讨问题，还可以找到与自己志趣相投的同好者展开群体活动。

最后，互联网教育丰富了教学内容。无论专业课程的学习还是人文知识的学习，课本中、课堂上的内容是相对滞后且有限的，但是通过互联网，教师与学生可以获得更多的更新的知识，这对开拓学生眼界、提升人文素质与专业素养都有着重要的作用。

### 2. 社会实践活动

社会实践活动是高校课堂教学的延伸，是培养学生合作精神、社会责任感与适应能力的重要环节，也是高校人文素质教育的有效平台，可以极大帮助学习者将理论与实践结合，提升综合素质。

社会实践活动可以帮助学生在实践中认识现实，树立科学的价值观念，培养实践精神与创新思维。社会实践对学生具有直接的、现实的、及时的教育作用，能够引导学生在真实情境中认识问题、发现问题、解决问题，感受现实中的是非善恶，从而形成内在的道德标准与行为准则。

社会实践活动对学生的团队精神与合作意识的培养十分重要，如果只有理论学习与考试评判，学生很容易"各自为营"，特别是在社会的竞争压力之下，团队合作精神显得更加珍贵。学校的社会实践活动通常是以团队为单位完成实践任务，需要团队成员的相互配合、紧密合作，通过这样的实践活动，可以使学生意识到团队合作的重要性，深化思想认识。

最重要的是，社会实践活动是人文素质教育的大课堂。社会实践活动有着十分显著的智育、德育、体育的功能，同时也可以起到美育的作用，社会实践活动涉及社会知识、社会经验、人际交往、解决问题、竞争合作、生产劳动、独立自主等多方面的内容，这些都与人文素质教育不谋而合。在社会的大课堂中，人文素质无处不在，大学生要积极参与社会实践、拥抱社会生活，在实践中磨炼意志、修炼品格、陶冶性情、提升人文素质。

# 第四节　人文素质教育与相关概念辨析

人文素质教育与德育、美育、专业教育等密不可分，对人文素质教育与相关教育的概念进行辨析，有助于更全面理解人文素质教育的特殊性与独立性、全面性。

## 一、人文素质教育与德育

德育，广义上指使学生的思想文化素质得到全面提升、人格得到全面发展的教育，社会、家庭、学校都发挥着德育的作用。狭义的德育则指高校通过开设马克思主义基本原理、思想道德基础与法律修养、毛泽东思想与中国特色社会主义理论等思政课程，对学生进行思想道德教育。人文素质教育与德育的比较，主要基于狭义的德育而言。

高校的人文素质教育与德育的关系是辩证统一的，一方面，二者的理论基础、教育规律、教育途径、评价体系等方面有着明显的不同；另一方面，二者的育人任务、教育过程、依托内容、教育对象等有着密切的交叉联系，可以作为彼此的补充与结合。

### （一）人文素质教育与德育的联系

人文素质教育与德育所依托的理论体系在本质上是共通的，都是以马克思主义与中国特色社会主义理论体系为基础建立起来的，可以在不同专业、不同学科中进行渗透，并落实到具体实践活动中。因此，二者在高校的教育活动中可以相互补充、相互支撑。

另外，从教育对象的角度来看，人文素质教育与德育的过程是不可分割的。一方面，德育离不开人文素质教育提供的丰富人文知识的沉淀与人文修养的积累，在德育过程中，其基本概念、基本思想涉及许多人文学科的内容，如果学生没有良好的人文底蕴，德育缺乏事实原料的依托，只能是苍白僵硬的教条，难以取得良好效果。

另一方面，人文素质教育也离不开德育，德育为人文素质教育提供正确的方向与坚实的保障，人文素质教育需要用先进的思想政治观念与道德法律作为指导，保证人文素质教育符合我国国情与政治方向，充分发挥政治意识形态的正确性与说服力。而且，人文素质教育也需要对道德伦理问题进行理性的探讨，以增强学生明辨是非的能力，培养正确的价值观念与道德取向。

### （二）人文素质教育与德育的区别

第一，人文素质教育与德育在研究内容上具有一般与特殊的关系。人文素质是教育是根据人文科学的理论，研究人文现象及其教育问题，范围十分广泛，具有普遍意义，属于一般性的教育，几乎不受时代、社会制度的约束，对高校学生的社会行为具有基础性与启智性影响。而德育的理论基础为马克思主义、毛泽东思想及相关思政理论，是人文素质教育中的一种特殊的具体的教育，具有较强的时代性与制度性，不同国家和社会的德育内容会有较大差异。

第二，人文素质教育与德育的教育方法和途径不同。人文素质教育是通过人文社科的经典作品、人文环境等为载体，通过对各种事物的分析，了解人与人、人与自然、人与社会的关系，从而树立人文精神，提升人文素质。整体上，人文素质的教育属于潜移默化的形式，渗透在教学课堂、社会生活的方方面面，强调环境的熏陶作用。而德育方式主要是正面灌输、集体教育、制度约束等，以达到思想的引领与匡正的作用，德育既重视政治方向的引导，又关注学生精神世界的完善，帮助学生树立正确的价值观念，强调教育的直接性与群众性。

第三，人文素质教育与德育的评价方式与教育主体不同。人文素质教育的主体与其他学科的主体定位并无不同，主要依靠教师的专业造诣、学识修养、教学能力等人格因素发挥教育作用，并受制于一般性的评价体系。德育教育者则更具有权威性、指导性与规约性，可以站在比较宏观的角度进行德育，具有较鲜明的立场观念，不受一般学科评价体系的制约。

## 二、人文素质教育与美育

美育指通过艺术美与现实美（社会美和自然美）的教学，陶冶性情、提高受教育者艺术修养与审美，升华品性、完善人格的教育，美的作品除了可以给人以美的愉悦之外，还给人以善的诱导，有助于促进受教育者的全面健康发展。

### （一）人文素质教育与美育的联系

人文素质教育与美育有着不可分割的联系，美育是人文素质教育的重要组成部分，人文素质教育也是美育的根本目的。

首先，人文素质教育与美育都具有情感教育的功能。审美以情感状态存在于人类社会活动中，美育通过审美意识、审美能力的培养，使个性情感得以满足和规范。人文素质教育则将美育的情感教育功能进一步深化，在审美情感的影响下，借助人文环境等，激发人与人之间互相尊重的意识与爱的意识，促进人与人情感上的沟通交流，推动社会和谐发展。

其次，人文素质教育兼顾美育的趣味教育功能。美育作为一种趣味教育，可以反映时代文化与时代精神，一定程度上引导整个社会的审美判断与价值取向，并为审美的选择提供合理有说服力的解释，美育从美学的角度影响人的价值观，促进人的素质的提升。从这个层面来说，美育是人文素质教育的一部分，美的教育可以帮助人建立更全面的人文素质。

再次，人文素质教育与美育共同塑造完善人格。美育对人的道德修养具有显而易见的作用，可以培养高尚的道德情操，提高人的精神境界，促使人向着人格完美的方向发展。美育是人文素质教育的深化，使人从客观上感受到自然美、社会美、艺术美，从而自觉地脱离低级趣味，追求更高尚的精神生活。

最后，人文素质教育与美育都具有引领人文导向功能。人文导向功能是人文素质教育的传统功能，也是美育的时代新功能，二者都可以通过情感教育、趣味教育等，唤起人们对真善美的认识，以高尚的精神品味支配物质财富的获取与享受，以美学理想置换文化活动中的低俗。随着商品经济的发展，人文素质教育与美育都担负着文化优化与引导的责任，即都具有引领人文导向的功能：在意识形态逐渐从审美文化中淡出之时，社会的普遍道德规范和崇高的精神追求应成为基本价值。

## （二）人文素质教育与美育的区别

与人文素质教育相比，美育具有自由启发性、形象直观性的独特属性。

首先，美育具有自由启发性，美育不是强制性或说教性的，而是体验欣赏、自由启发性的。黑格尔曾说"审美带有令人解放的性质"[①]，美育如果带上强制的枷锁，就无法发挥其作用，对美的事物的喜爱依靠的是美本身的魅力，比如读一部名著、观看一场演出、聆听一曲音乐等，这些都可以使人产生非常自然的情感体验，在这种体验中，人们可以得到情感的升华与心灵的净化，美育就是这样得以实现的。

---

① （德）黑格尔．美学（第一卷）[M]．北京：商务印书馆，1979：147．

其次，美育具有形象直观性，美育不是单纯说"美"，而是将其包含在一个具体形象中，达到形象与理性教育在审美直观中的统一，这是美的根本特性之一。在全是抽象的世界中，是没有审美可言的，车尔尼雪夫斯基认为"形象在美的领域中占着统治地位""美是在个别的活生生的事物，而不在抽象的思想"，因此，美育就是通过生动的艺术形象使受教育者受到感染与感动的过程。

人文素质教育虽然也有以上两个特点，但是并不构成人文素质教育的典型属性。整体来看，人文素质教育更多的海上理性反思、理论教学、逻辑论证与行为推演等，自由启发性与形象直观性只存在于人文素质教育的一少部分内容（如文学教育、艺术教育）中。

### 三、人文素质教育与专业教育

在高等教育中，专业教育是对学生进行专业学科背景的教育，是按照一定的专业要求，通过基础课程、专业课程、实习课程等课程设置，采用知识传授、实验研究、技能训练等方法，达到专业教育的目标，也是高等教育的直接目标，而人文素质教育则是高等教育的根本目标。

人文素质教育与专业教育的区别十分明显，人文素质教育重在人文素质的提高，专业教育重在培养专业的人才，有着不同的教育目标与教育途径。不过，人文素质教育与专业教育是高等教育过程中密不可分的两大内容，二者在教育过程中又有着共同作用，如同"鸟之两翼"，促使学生成为全面发展的人。人文素质教育与专业教育相互联系，相互影响，二者的关联如图1-7所示。

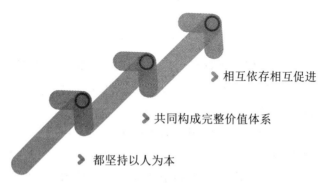

相互依存相互促进

共同构成完整价值体系

都坚持以人为本

**图1-7　人文素质教育与专业教育的联系**

第一，人文素质教育与专业教育都坚持以人为本。从本质上来说，二者都源于人类生存发展的需要，只是由于人们面临的直接生活问题的不同，才产生了两种不同的文化精神。不过专业教育侧重解决现实问题，无法涵盖或取代侧重解决道德问题的人文素质教育，反之也是。

第二，人文素质教育与专业教育共同构成完整的价值体系。通常情况下，人文素质被认为是精神文化的价值系统，专业教育被认为是纯粹的知识体系。但是，从价值追求角度来看，人文素质教育求善求美，专业教育求真，而真善美又是互相渗透的，因此，专业价值与人文价值共同构成了相对完整的价值体系。

第三，人文素质教育与专业教育相互依存、相互促进。专业教育对人文素质有重大的作用，历史上，科学的每一次进步不仅仅改变人类的物质世界，还深刻影响人们的精神世界；人文素质教育对专业教育也起到重要作用，比如专业研究需要特定的人文品质，研究过程要符合人的价值观念等，一个优秀的专业研究者一定有着较高的人文素养，人是科学的起点，也是科学的归宿。总之，专业教育离不开人文精神与人文环境，人文素质教育也需要专业教育的工具理性、实证方法等。

通过对人文素质教育的相关概念认识，可以了解到，人文素质教育涵盖个体成长的方方面面，因此，高校对学习者的人文素质教育，也要从多方面入手。最重要的就是对各学科的基础人文素质进行培养，包括开展文学艺术、历史哲学、社会思政等多学科课程，使学习者多层面提升人文素质，实现综合素质的提升与人的全面发展。

# 第二章　人文素质教育的多学科路径探索

## 第一节 人文素质教育的开端——文学艺术教育

之所以说文学艺术教育是人文素质教育的开端，是因为很多人文素质的知识都是源于各种文学艺术作品，通过作品蕴含的价值倾向、情感表达、思想抒发等，欣赏者可以感受到作品丰富的人文内涵，从而在文学艺术作品中汲取力量，并将其内化为自己的人文素质。此外，文学艺术的创作过程也是体现学生人文素质的过程。

### 一、文学艺术教育内涵与功能

#### （一）文学艺术教育内涵

广义上，文学指一切口头或书面的语言行为与作品，包括文学以及道德、政治、哲学、历史等一般文化形态；狭义上，文学指具有审美属性的语言行为及其作品，包括诗歌、散文、小说、剧本等，与政治、历史、发力等文化形态不同，具有特殊的审美属性。这里所说的文学教育，是从其狭义的角度出发的。文学的本质与绘画、音乐等艺术一样，都是审美的艺术形式，都是高校学生人文素质教育的重要内容。

何为艺术？艺术是借助一些手段或媒介，塑造形象、营造氛围，来反映现实、寄托情感的一种文化，是人的知识、情感等心理活动的综合产物，是现实生活和精神世界的形象表现，艺术包括文学、绘画、雕塑、建筑、音乐、舞蹈、戏剧、曲艺、电影、工艺等。艺术可以从图 2-1 所示的几个层面来理解。

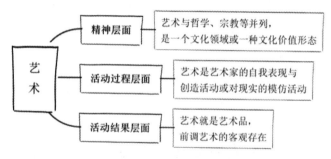

**图 2-1 艺术的三个层面**

文学艺术教育的精髓在于人文，文学艺术教育对提升高校学生的人文素质与人文精神有着不可取代的作用，王国维曾说"生百政治家不如生一大文学家"，狄德罗认为，一切艺术的共同目标就是帮助法律引导人们追求远离罪恶，这些观点都体现出文学艺术教育的性质与内涵，强调文学艺术对人、对社会的影响力。

文学艺术教育的根本内涵，就是通过文学艺术教育来完美人性，其内容是关于人的生活与情感，强调以人为主，重视人的主体性与自主性，这也是文学艺术教育的复杂性所在。人是具有复杂性与能动性的，这就要求在具体的文学艺术教育过程中，不能忽视学习者的体验和参与，单纯的知识说教无法使文学艺术中的人文精神与人文价值深入学生内心。

文学艺术讲究形象性与意会性，即王国维所说"文学艺术教育以直观为本"，比如杜甫在《江南逢李龟年》中说到："正是江南好风景，落花时节又逢君。"这是人们非常熟悉的诗句，"江南好风景""落花时节"都是非常直观的景象，"又逢君"则是事件的描述，文学书写的是人生之事，因此在文学作品中，可以得到人生的知识，从而提升学生的人文素质。

文学艺术作品的直观可感，蕴含着文学艺术教育的重要价值。在教育过程中，要把握文学艺术的独特性，避免概念性、抽象化思维，而是要引导学生发掘其中的美，感受音乐的旋律、绘画的线条、舞蹈的节奏、文学的情节与意象等，全面调动学生观察、思考与表达的兴趣，并引导学生进行文学艺术的创作，这样才能达到文学艺术教育的真正目的。如果使用单纯的概念思维学习文学艺术，就会出现"为学日益，为道日损"的现象，而失去文学艺术教育的真正价值。

### （二）文学艺术教育功能

文学艺术教育是人文素质教育的重要部分，文学艺术作品中体现的人文精神与人文品质可以对学生起到很好的启发作用，通常，文学艺术教育的功能主要有如图 2-2 所示的几点。

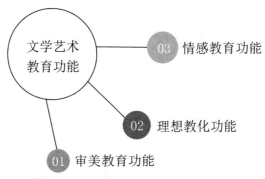

图 2-2　文学艺术教育功能

### 1. 审美教育功能

审美功能是文学艺术最直接的功能，其教育功能是通过审美功能来实现的，"寓教于乐"就是这个道理。文学艺术的审美功能，是文学艺术教育功能的基础，某种程度上，文学艺术的教育功能是文学艺术审美功能的体现。

叔本华将文学审美状态描述为"走向自失"，即审美者自失于审美对象中，忘记了他的个体与意志，仿佛只有审美对象而没有知觉对象的人了。叔本华所说审美是一种高级的忘我的审美，文学艺术教育就是通过大量文学艺术作品的欣赏与品评，引导学生感受其中的美，从而培养和提高学生的审美趣味与审美能力。

比如通过文学作品的阅读培养学生最基本的审美感知能力，谢冕曾在《读书人是幸福人》一书中指出，读书人除了拥有现实世界外，还拥有另一个更加浩瀚丰富的世界。阅读之所以是幸福的，就是因为读者可以借此发现并享受美。《人间词话》中说"红杏枝头春意闹，著一闹字，而境界全出"，"闹"字将春天的景象"全部呈现给了人的意识"，使全句描绘的景象瞬间占据人们的意识，容易吸引审美对象自失其中。在文本提供的精神家园中，可以使人忘记现实甚至忘记自我，得到人性的舒展与精神的升华，获得最大的审美享受。孔子听完韶乐之后"三月不知肉味"，也是这样一种审美体验。

除了文学作品、音乐作品外，绘画作品、建筑艺术、诗歌、戏剧等都属于文学艺术的范畴，它们都可以给人带来独特的审美体验，进而起到审美教育的功能。在对这些充满艺术之美的感受与体验中，学生的审美能力得以形成，并会成熟、内化为他们的人文素质与创造能力。

## 2. 理想教化功能

文学艺术不仅是一种审美的形态，还是一种社会意识形态，是社会生活的反映，因此，文学艺术不仅可以给人以美的享受，还使人从中获得智慧与力量，增强学习者的理性精神。在文学艺术教育中，现代大学生是有着强烈求知欲与求知需求的人群，他们可以通过各种文学作品了解世界、丰富生活经验、洞悉人生真谛，从而指导自己把握生活规律，确定理想信念并坚定前行。比如西方的《农夫与蛇》与中国的《东郭先生》就有着异曲同工之处，都借寓言故事说明了同样的道理。简单的故事尚且如此，其他文学巨著则蕴含了更多深刻且值得学习借鉴的东西。

文学艺术作品不仅是智慧的宝库，还是理论的源泉。在优秀的文学作品中，总是不断追求着人类的真善美，在与作者进行思想感情交流的同时受到其积极影响，从而使自己的思想与道德得以完善。如屈原在《离骚》中表达的为实现理想百死不悔的精神、杜甫的诗句中体现出的忧国忧民的意识、鲁迅笔下百折不挠的反封建精神、《浮士德》中积极进取的人生追求……这些都在无形中影响着读者的思想，使读者感悟人生、反思历史，引导他们向着正确的方向前进。

除文学作品外，音乐、绘画等艺术形式也有着理想教化的功能，我国古代的音乐著作《乐记》中说音乐可以"耳目聪明，血气和平，移风易俗，天下皆宁"，音乐以特有的方式对人们内心产生感应作用，可以培养学生的审美能力、发展形象思维、培养创新思维，成功的音乐作品还可以通过典型形象使人对社会有神界的认识，这种认识充满激情富于理想，可以产生深远的效果。《晋书·乐志》记载，"闻其宫声，使人温良而宽大；闻其商声，使人方廉而好义；闻其角声，使人倾隐而仁爱；闻其徵声，使人乐养而好使；闻其羽声，使人恭俭而好礼。"可见，古人早已认识到音乐艺术在陶冶性情方面的特殊作用。

文学艺术教育是精神文明的教育，加强文学艺术教育是精神文明建设的重要内容，我国自古就讲究礼乐治国，礼就是行为规范，乐就是精神教化，因此，文学艺术教育也是我国人文教育的优秀传统。

## 3. 情感教育功能

文学艺术是人类情感的载体，是人类情感得以表现与寄托的形式，因此，对文学艺术的欣赏过程还是情感体验与情感评价的过程。在文学艺术教育活动中，学生通过对不同类型、不同风格的文学艺术作品进行审美式阅读，获得相应的审美情感体验，并对作品反映出的真善美与假恶丑进行情感评价，在这个过程中，学生在感受审美与情感，也在接受相应的审美教育与情感教育。

比如文学语言中常常谈到死亡，李商隐的《无题》说到："春蚕到死丝方尽，蜡炬成灰泪始干。"陆游在《示儿》中说到："死去元知万事空，但悲不见九州同。"陈毅在《梅岭三章》中说到："后死诸君多努力，捷报飞来当纸钱。"陈然在《我的自白书》中说到："对着死亡我放声大笑，魔鬼的宫殿在笑声中动摇。"这些语句中体现出面对死亡的态度，或甘于奉献坦然面对，或高风亮节，或深表遗憾，或大义凛然，或慷慨乐观，这些都可以唤起读者奋发进取的激荡情怀。

文学艺术具有调节情感的作用，可以使人超脱于利害之外，忘却外界与自我的关系，达成情感的调节，比如当内心感到极度疲劳或烦躁时，听一曲舒缓的音乐，就可以使躁动的情绪逐渐平稳安静下来，再比如当身处异地产生思乡之情时，哼一曲家乡小调，遇到困难时放声高歌，都可以起到调节情感的作用。文学艺术之所以具备情感调节功能，正是因为它蕴含了丰富的普遍的思想感情，容易使欣赏者产生情感共鸣。

通过文学艺术作品的教育，可以使学生在审美体验中，不仅感受中西方的深厚文化，还可以从中学习为人处世的哲学态度，免于外界的诱惑与对信念的迷惘。经典的文学艺术作品具有持久且普遍的人文对话能力与生命力，包含着人文精神的核心，可以跨越时空感染许多人。

文学艺术教育的基本目标就是人文意境的感染与创造性思路的启示，深入学习、赏析、诠释优秀的文学艺术作品，是与作者进行思想对话的过程，也是实现文学艺术对提高人文素质作用的最佳途径。

## 二、文学艺术教育途径

我国古代提倡的"诗教与乐教""礼乐合一"的传统人文教育，实际上就是今天所说的文学艺术教育，实现文学教育的基本途径就是对文学艺术作品进行欣赏与创作。

### （一）文学艺术作品欣赏

文学艺术作品欣赏是实现文学艺术教育的重要途径之一。文学艺术教育是依靠形象的力量向学生展示真善美与假恶丑,因此更容易被学生从内心真正接受,在欣赏文学艺术作品时,通过教师的引导或提点,可以感受其中的事物与语义,产生强烈的感情反应,并从中获得教育,丰富自己的人文思想。谢冕在他的《读书人是幸福人》中说到"阅读不仅使他多识了草木虫鱼之名,而且可以上溯远古下及未来,饱览存在的与非存在的奇风异俗……读书加惠于人们的不仅是知识的宽广,而且还在于精神的感化与陶冶。人们从读书学做人,从那些往哲先贤以及当代才俊的著述中学得他们的人格。"

在不同的文学作品中,人们可以得到不同的启发与感悟。艺术作品的欣赏也可以起到一样的效果,比如音乐欣赏使受教育者有机会接触更多音乐作品,扩大音乐视野,培养音乐审美情感,提高音乐审美能力。如果将音乐的创作与演奏视为一次创作与二次创作,那么音乐欣赏就是三次创作,音乐欣赏是欣赏者主体的意识活动,在欣赏过程中,欣赏者难免将自己的意识渗入欣赏对象中,用幻化的意向充实音乐的内涵,可以说音乐欣赏是一种创造性活动。比如通过欣赏贝多芬的《第五命运交响曲》,可以感受到光明战胜黑暗的意志与力量。艺术教育的功能是其他任何学科都不能替代的,是培养全面发展的人才的重要手段。

所以,在对当代大学生实施人文素质教育过程中,要给予他们恰当的积极的文学艺术教育,这对他们的人文精神可以起到很好的熏陶作用,有利于大学生树立正确的信仰与价值观念,并形成高尚的情操。

### (二)文学艺术作品创作

培养学生创作文学艺术作品的能力,也是实现文学艺术教育的重要手段。如果说文学艺术欣赏是在阅读与品味中体验他人的生命情感,那么文学艺术创作就是借艺术表现的形式抒发自己的生命情感。情感是创作过程中的重要心理因素,比如对于一个书法创作者来说,就可以利用书法中的线条变化表达自己的情感,抒发作品有清雅、奔放、雄浑等不同特点,就是由于创作者的不同情感与不同性格形成的。

比如《兰亭集序》就是王羲之当时的情感映射,正是因为无志于仕途、于山水之间雅兴至极的情感,才能将这幅作品写得自如天然、遒劲飘逸;而《祭侄文稿》就是颜真卿悲愤交加、心乱如麻的情感写照。可见,包括书法在内的很多艺术作品都是"达其情性,形其哀乐"(孙过庭《书谱》)。

文学艺术的创作训练也是对学生进行情感陶冶的过程,可以帮助学生以高尚的情感把握生活,将自己的美好情操追求投入创作中。比如茅盾的《白杨礼赞》就赋予了白杨树伟岸正直、朴质严肃的品格，表达对北方农民质朴坚强、奋斗上进的精神的赞美之情，并且从对白杨树、对人的礼赞中，升华到深沉宏大的民族精神的品味，这种深层的感情只有通过自己的创作才能切实感受到。

那么，如何对大学生实施文学艺术创作的教育呢？

第一，要引导学生学会想象，想象是文学艺术的创作与接受机能，文学艺术的创作过程就是神与物游的过程，欣赏过程就是"一千个读者有一千个哈姆雷特"的过程，只有丰富的想象力与情感，才能创作出可以承载自己的情感与观点的作品。

第二，文学艺术的想象往往是在灵感与热情的感发下进行的，灵感则源于平时的积累，只有平时有足够多的生活经验、学习心得等，才能有创作的灵感与热情。文学创作教育中的艺术构思、造像赋形、变形、组合、情景描述、意象创造等形式的训练可以直接培养学生的审美想象能力。

文学艺术教育在整个教育体系中有着独一无二的地位和作用，就是因为它可以健全人们的审美心理结构，培养敏锐的感知力、丰富的想象力与无尽的创造力。文学艺术活动作为一种高级精神活动，可以极大地促进和提高人的思维能力，在文学艺术的欣赏与创作中，人的创作力也可以得到充分发挥。因此，历来的教育家、思想家都十分重视文学艺术对人的陶冶与净化作用，强调通过文学艺术教育培育美好和谐的情感与心灵，从而实现完美人格的建构。

# 第二节　人文素质教育的支撑——史学哲学教育

人文素质教育的深层内涵有赖于人的自我反思的操作能力与温故知新的鉴别能力，因此史学与哲学的教育必不可少。通过史学哲学教育可以使大学生立足于本国的历史文化传统，获得正确的世界观与人生观，提升对道德理想与精神价值的渴望和追求，实现自我价值与社会价值。

## 一、史学哲学教育内涵与功能

### （一）史学与史学教育

#### 1. 史学内涵

"历史"有两个层面的含义：一是，指独立于人类意识之外的以往社会的客观存在及其发展过程；二是，指人们对这种客观存在及其发展过程的记录，是人们对之前的世界进行探索与描述而创造出来的精神产品。

"史学"脱胎于"历史"，是在一定的理论和方法指导下对历史进行专门性研究的学科，史学研究的目的在于以史为鉴，"还原"历史现场，丰富人们对历史及相关内容的认识。通常"历史"与"史学"的定义是较少被严格区分的，比如在英语中二者都用 history 表示，"历史"与"史学"是一种辩证统一的关系。

史学既有科学的一面，也有艺术的一面。虽然史学与自然科学有着根本的不同，但是自史学诞生以来，不断受到自然科学的影响，其研究对象的客观性、研究目的的求真性、研究方法的工具化等都有着自然科学研究的影子。而历史研究的内容与形式又离不开艺术性，有着明显的想象、道德教化与什饿米特性。

历史学家张荫麟强调，史学兼有科学和艺术的特征，张荫在《论历史学之过去与将来》中说到"理想之历史具二条件：正确充备之资料、忠实之艺术的表现"，没有艺术性，史学就不会传神，失去科学性，史学就不会真实。因此，必须将科学性与艺术性有机结合，史学才能既真实又有美感。

#### 2. 史学教育功能

史学教育具有审美、警示与定向的功能，因此，史学教育是人文素质教育的重要部分，也是人文素质教育的重要手段，通过对历史的认识与反思，"以史为镜"可以有效增强学生自我反思的意识，促进人文素质发展。

首先，史学具有审美功能。史学的魅力在于激发人们对历史的兴趣，继而鼓励人们有所作为，史学研读是一种精神上的愉悦追求，可以使学习者享受历代的财富，得见往日的英豪，见识过往的种种。历史学家马克·布洛赫曾说"历史学以人类的活动为特定的对象，它思载千里，视通万里，千姿百态，令人销魂，因此它比其他学科更能激发人们的想象力。"[①] 在对史学的研读过程中，将历史视为人类审视自然之美与人文美的一部分，就可以真正感受并理解史学独一无二的审美功能。

其次，史学具有警世功能。警世功能是史学十分重要的现实功能，正所谓"前车之覆，后车之鉴；史家之笔，警世之言"（《汉书·贾谊传》），这也是历来的史学家、教育家、政治家都十分重视史学的教育作用的原因。史学以人们曾经有过的情况为镜鉴，是人们看到现在是怎样，还可以使人们模糊地预见将来是什么样子。前人的经历与经验可以为后人提供借鉴，这是历史的重要功用，通过历史学习，可以使人产生"见贤思齐焉，见不贤而内自省也"（《论语·里仁》）的情绪，有利于学习者养成高尚的道德情操。

最后，史学具有定向功能。定向，即确定人与社会未来如何发展。史学的研究对象是人与人的行为，研究的最终目的是增进人类的利益，换言之，史学的最大功用就是"经世致用"，对社会的反思与对未来的归化，首先要建立在对以往历史的认识与把握的基础之上。马克思曾说，人们创造历史并不是随心所欲的，而是要在既定的从过去继承下来的条件下创造。

对个人而言，学习历史可以使人了解自己行为方式的由来，也可以告诉人们应该如何去做，要想弄明白现在的状况，一定要依赖过去的思想和经验。其实人们一直在靠过去的思想与经验进行现在的选择，只是容易忽略其存在。历史学家齐思和说"过去之事迹，虽或以完结，过去之任务，虽或以死亡，而其影响则至今日犹存在也。"史学教育就是给人和社会提供过去的经验，以指明现在和未来的发展方向。

## （二）哲学与哲学教育

### 1. 哲学内涵

一般认为，哲学一词出自希腊语 philosophia，表示"爱智慧"的意思，《尔雅》中说"哲，智也"，因此，哲学可以理解为"智慧之学"。不过除此户外，关于哲学究竟是什么，还有很多不同的观点。

有人说哲学是"本体论"，他们认为本体论是研究存在的学说，即存在、

---

[①] （法）马克·布洛赫．历史学家的技艺［M］.张和声，程郁，译．上海：上海社会科学院出版社，2019：4.

世界、宇宙的本质是物质还是精神，研究最普遍最一般的本质问题。

有人说哲学是"认识论"，是对认识是否可能、认识的过程、认识的结果等方面的研究。

也有人认为哲学是"人本学"，即哲学是以人为本的，人的生命、存在、本质、自由、价值、意识与无意识、理性与非理性等，是哲学研究的唯一任务与终极目标。

还有人认为哲学是"语言学"，现代西方哲学的语言学派认为，语言是文化的载体，是文明的水库，透过语言可以发现文明与智慧的底蕴。

更有人提出哲学的本性是无定论，哲学讨论的许多问题也是无定论的，只有无定论的问题才是哲学问题，一旦产生定论，这个问题就不再是哲学问题了。

无论哪种说法，对于哲学的界定有着内在的一致性，即哲学是系统化理论化的世界观。所谓世界观，就是人们对生活在其中的整个世界以及人与世界关系的根本观点和看法，这种人人都有的世界观往往是零散的、不系统的，还不能称为哲学，只有以理论形式通过一系列特有概念加以高度抽象概括，形成系统的逻辑论证的思想体系，才是哲学。

哲学研究的主要问题是什么？这个问题也有很多不同的答案，下面列举两个例子。

第一，在《哲学及其当代问题》中列举了哲学的七类问题或研究领域：①自由意志与决定论；②宗教与信仰；③伦理与价值问题：我们应该做什么？④民族与社会：人是平等的吗？公平公正的社会是怎样的？⑤心与身的问题，精神与自然的问题；⑥知识与科学的问题：知识的本性和方法；⑦审美与艺术的问题。

第二，在《哲学史和哲学问题》一书中列举了哲学研究的八类问题：①知识的本性：我们知道什么？我们如何知道？②存在问题：什么东西是真实存在的？③宗教信仰与上帝的存在问题；④伦理学：我们应该如何行动？⑤自由意志问题；⑥政治哲学：社会应如何构成？⑦身心与人性问题；⑧人的命运与生活的意义问题。

不难发现，这两种分类界定有很多相似之处，而且都包含了对人、对价值的研究，所以，哲学教育与人文素质教育是不可分割的。

2. 哲学教育

哲学教育，是指按照一定的哲学流派和思想体系对受教育者加以系统影响的过程。人人都有世界观，而系统化理论化的世界观即哲学素养不可能自然形成，需要系统的学习、实践与不断反思，也就需要哲学教育的引导；另外，当代的哲学与哲学教育受到冷落，也为其发展提供了新的挑战和机遇，加强人文素质教育体系下的哲学教育势在必行。

哲学教育具有启智功能，可以开启心智、训练思维、帮助学生掌握分析问题与解决问题的方法。哲学教育以人的思想与精神为对象，教化人学会如何运用自己的思维去想象所处的宇宙和世界，通过哲学冥想中的宇宙，心灵与思维会变得开阔起来。

通过哲学反思的训练，可以获得思维的智慧去，学习和思考哲学的过程，就是培养和训练哲学思维的过程，通过哲学思维的培养，可以使人形成哲学的求真态度、哲学的反思取向、哲学的批判精神、哲学的创新意识、哲学的分析方式与哲学的辩证智慧，从而提高理论思维能力。

哲学教育具有植根功能，可以使受教育者认同社会价值体系，确立行为准则，成为有根有魂的真正的人。每一种哲学理论，都凝聚着哲学家捕捉到的那个时代人类对人与世界相互关系的自我意识，都贯穿着哲学家用以观察和说明人与世界相互关系的基本立足点和出发点，都体现着哲学家构建哲学范畴体系的世界观和方法论，不同程度地体现了当时的时代精神。哲学教育就是要将当下的价值体系传达给学生，将真善美的养料渗透到每个人心中，凝结为全社会内在的能量与素养，不仅提高学习者的人文素质，也为创设良好的人文环境提供条件。

最后，哲学教育具有关怀功能，关心世界与人类发展的命运，是哲学的神圣使命。在马克思的思想中，充满了深刻博大的人文和关怀思想，批判异化劳动与人的本质的异化，倡导自由平等的思想，并提出要建立"以每个人的全面而自由的发展为基本原则的社会形式"①，因此，马克思主义哲学始终体现这一种人文关怀与人文精神。在哲学教育中，不可忽视哲学对人的精神家园的建设，形成塑造崇高理想信念与道德理想教化的价值导向，哲学教育可以根据人们的实践需要，在科学与信仰的统一中发掘人的慰藉力量，为人类指出自由全面发展的理性通道。充分展示哲学的人文关怀功能，是今天发展哲学教育的一个新思路。

冯友兰在《中国哲学简史》中说"每个人都要学哲学，正像西方人都要进教堂，学哲学的目的，是使人作为人能够成为人，而不是成为某种

---

① ［德］马克思，恩格斯.马克思恩格斯全集：第3卷[M].北京：人民出版社，1972：649.

人。"①，这个目的与人文素质教育的根本目的不谋而合，哲学精神为人们提供了获取更高价值的途径，也鼓励着人们不断追寻最适合自我需要与生存的最好的信念与精神价值。

## 二、史学哲学教育途径

如何通过史学哲学教育塑造或提高人文素质？可以采用如图 2-3 所示的几种途径。

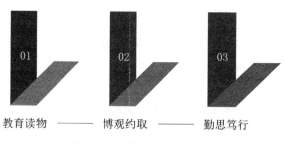

教育读物 —— 博观约取 —— 勤思笃行

图 2-3　史学哲学教育途径

### （一）教育读物

教育读物包括教科书、通俗读物与原典。学校教育具有一定的强制性，教科书在学校课堂教育中有着不可替代的作用，教科书是教师教学工作的基本凭借，是学生学习的主要工具。

一方面，教科书包含了符合当下时代价值与道德观念的各种内容，可以帮助学生养成良好的道德品质；另一方面，人类积累了浩瀚如烟的精神财富，要想从中理出头绪十分困难，但是教科书就按照一定体例，将每种学科的内容进行解释与列举，方便学生进行系统学习。

不过在教学过程中，也不应该"唯教科书论"，知识的获取只靠教科书是远远不够的，毕竟教科书是后人加工、剪拼、修改而成的，因此，要想对某一学科有更深刻准确的认识，需要认真阅读原典。美国的通识教育核心之一就是学习人文经典，包括哲学、文学、历史学、人类学等。如果哲学学习者看过很多哲学史与哲学概论，但未曾读过柏拉图的《理想国》与亚里士多德的《工具论》，或者历史学习者看过很多版本的通史，但不曾接触过二十四史，那么就只能是隔靴搔痒，无法触及知识的内核。因此，要想在知识总量与知识深度上有所增益，一定要认真阅读原典。

---

① 冯友兰.中国哲学简史 [M].涂又光，译.北京：中国画报出版社，2019：15.

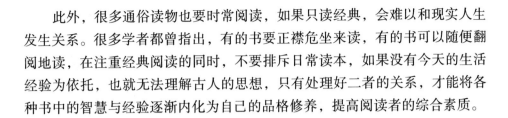

此外，很多通俗读物也要时常阅读，如果只读经典，会难以和现实人生发生关系。很多学者都曾指出，有的书要正襟危坐来读，有的书可以随便翻阅地读，在注重经典阅读的同时，不要排斥日常读本，如果没有今天的生活经验为依托，也就无法理解古人的思想，只有处理好二者的关系，才能将各种书中的智慧与经验逐渐内化为自己的品格修养，提高阅读者的综合素质。

### （二）博观约取

博观包含两层意思：首先是对所学学科领域内部的贯通式的把握，比如研究经济史，也要对政治史、社会史等有很好的了解；其次是对其他学科的旁通，近代以来知识分类趋于精细化，如果只盯着自己的研究领域，很难有成就。生活的世界本身是一个有机的整体，为研究方便将其划分到不同的学科或领域，但其中的学问并未真正割裂开来，因此至少要多学习与自己专业相关的其他领域的知识。

约取，本意指简约审慎地使用，此处可以理解为专精学习，这与现代的分科治学的教育体系是一致的，但是"约取"的前提是"博观"，只有具备大量的不同的基础知识，才能在自己的专业领域中获得长远发展。史上没有哪一门学科或学问是孤立的，比如历史学、政治学、经济学、心理学、法律、哲学等学科之间就是彼此牵扯的，如果一个人一开始就只研究哲学，不顾其他学问，只能越学越窄寻不到出路，其他学问也是如此，都要遵守先博观后约取的程序。

博观约取是治学的两大法宝，这与现代提倡的"T"字形人才理念十分类似，即现代社会需要的人才既要深耕自己的专业领域，也要有足够广博的知识储备，这样才能保证人才的全面发展，推动社会的进步。此外，博观约取不仅是一种学习方法，更是一种学习态度，只有充分意识到二者的辩证关系并付诸行动，才能真正践行人文素质教育。

### （三）勤思笃行

要想在学问上有所收获，一定要勤于思考，唯此方能领悟书中的真正意涵。思考要敢于质疑，古人说"尽信书不如无书"，在读书时要学会用自己的思想对内容进行批判，这样就可以辨别哪句话是对的，哪句话是错的，这样长此以往，对于一门学问就可以驾驭自如了。史学哲学的学习尤其如此，只有勤于思考，才能从历史中得到经验，明白哲学的含义，从而提升自己的人文素质。

要想在学问上有所增益，还需要持之以恒的长期积累。只有踏踏实实打基础，日复一日不断积累、学习，才能逐渐构起自己的知识大厦，叶文玲曾说，"我深深明白，假如不是读过几百部真正的小说，我绝不可能写出那800个字。"只有以积极、自律的心态投入到工作和学习中，才能长期坚持下去，才能获得知识给予的馈赠。对人文知识的学习则更是如此，人文知识无边无际，需要建立终身学习的学习理念，不断拓宽人文视野。

求知求学的过程难免会有感到枯燥的时候，只有勤于思考，使自己的思维处于活跃状态，并以毅力约束自己坚持积累，才能在学问上有所收获。不仅仅是史学哲学的学习需要如此，任何学科或领域的研究都需要这样的学习品质，只有勤于思考、勇于实践，才能真正拓展自己的知识视野、提高人文素质与综合素养。

# 第三节　人文素质教育的提升——社会思政教育

我国高等教育肩负着培养德智体美劳全面发展的社会主义事业建设者和接班人的重大任务，必须坚持正确的政治方向，要坚持把立德树人作为中心环节，把思想政治工作贯穿教育教学全过程，实现全程育人、全方位育人，努力开创我国高等教育事业发展新局面。

## 一、社会思政教育内容与功能

### （一）社会思政教育内容

思政教育的内容主要包括精神文明教育、思想道德教育、政治信仰教育、创新创业绩和教育等，具体内容如图 2-4 所示，思政教育是我国高校目前人文素质教育的重要内容，旨在培养符合社会主义价值体系、立志投身于社会主义建设伟大事业的高水平人才。社会思政教育的普遍实施有利于提高当代学生的思想政治觉悟与整体素质，可以为社会主义现代化建设提供良好的人文环境与思想条件。

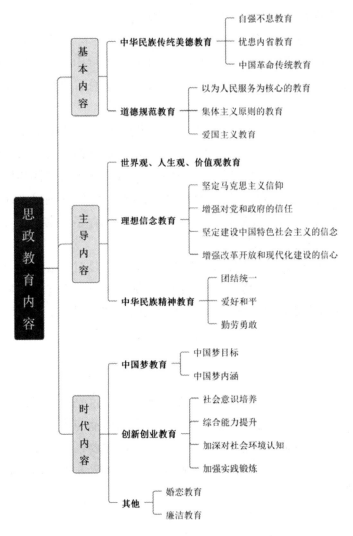

图 2-4　思政教育内容

社会思政教育有着如图 2-5 所示的几个特点。

图 2-5　社会思政教育特点

第一，社会思政教育具有时代性。社会是不断发展的，大学生的教育也要紧跟时代发展，这一点主要体现在教育内容上，包括党的路线、方针、政策等，这些内容与当今理论发展紧密联系，具有深刻的现实意义，只有联系实际的理论才具有生命力，更容易被学生接受。

第二，社会思政教育具有民族性。民族是一种自然的历史存在，是人类社会性存在的一种形式，中华民族在几千年的发展中形成了相对稳定的民族文化与民族精神，是高校思政教育的重要组成部分，更是当代发展的不竭动力。

第三，社会思政教育具有人文性。这也是为什么思政教育要纳入人文素质教育体系的原因之一。社会主义的本质的人的全面发展，只有在发展中做到以人为本，在教学中做到以学生为本，将教育学生与关怀学生结合，将塑造学生与服务学生结合，紧密围绕学生的成长，才能体现出思政教育的价值，体现其人文性特征。同时，思政教育也是当代青年学生提高自身思想水平与人文素质的重要途径之一。

第四，社会思政教育具有综合性。马克思主义是对社会发展与人的发展的综合研究的理论成果，其研究领域涉及政治、经济、文化、社会、人的思维等多个方面。而思想政治教育恰巧是做人的工作，因此也要运用多学科的教育知识与教育方法，开展丰富多彩的教育活动。

### （二）社会思政教育功能

我国的思政教育覆盖小学到大学的所有学生，这是由我国社会主义制度的性质多决定的，是党的指导思想与执政理念的传播与贯彻，也是引导现代大学生树立科学正确世界观、人生观和价值观的主要渠道。对大学生进行系统的思想政治教育，具有广泛深刻的战略意义，如图 2-6 所示，对个体与社会有有着积极的影响。

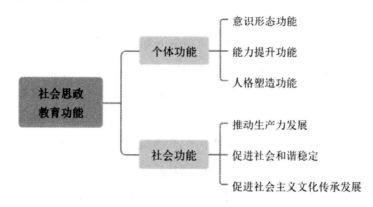

图 2-6  社会思政教育功能

1. 个体功能

就个体而言,思政课程会对每个个体产生直接的实际影响。

首先,思政教育有意识形态的功能,这种意识形态性是思政教育功能最基本的维度,主要包括政治导向、道德培育与爱国主义教育这三个方面。

第一,思政教育具有政治导向功能,大学生正处于政治意识觉醒与政治观点形成期,要对其进行正确的政治引导与思想规范。通过传授马克思主义理论知识,宣传马克思主义的意识形态与党的方针政策,促进大学生的政治认知,强化大学生的政治认同,使他们最终树立起中国特色社会主义共同理想和坚定的共产主义信念。

第二,思政教育具有道德培育功能,即思政教育可以赋予每个学生正确的价值观与社会主义道德规范等,使大学生形成良好的道德品质从而真正成为社会主义所需的高素质人才。思政教育要对学生进行道德价值的引导,使他们能够辨别是非;思政教育要对学生进行道德规范的灌输,使学生掌握各种具体的道德规范并以此约束自己的言行;思政教育要对学生进行道德人格的塑造,使学生不仅有外在的道德表现,还有内在的道德品行与精神;思政教育要对学生进行道德能力的培养,使学生具备道德自觉。

第三,思政教育具有爱国主义教育功能,在不同时期与不同社会背景下,爱国主义有不同的内容。今天,爱国主义是与爱社会主义、爱中国共产党密切联系在一起的,是维护我国民族团结与祖国统一的重要精神力量。几乎所有青年学生都有着爱国主义精神,但是往往缺乏理智思考与深层认识,思政课程就是要教育学生如何正确爱国,引导学生培养爱国情怀,将爱国、爱党、爱社会主义有机结合起来。

第四,思政教育有培养综合能力的功能。比如唯物辩证法的学习可以提高学生的辩证思维能力以及分析问题和解决问题的能力;历史唯物主义理论的学习,可以引导学生正确认识社会,把握社会发展规律,将自我需要与社会需要、自我发展与社会发展结合起来,从而找到自己的人生定位与人生价值。这样不仅可以提高学生的学习能力,还能提升学生对社会的适应能力,帮助学生实现人的全面发展。

第五,思政教育有人格塑造的功能。当代大学生生活在一个信息爆炸的时代,每天都会接收大量或真或假的信息,而大学生正处于人格塑造与价值观形成时期,很多未经筛选的信息容易造成不良影响。思政教育就是要在这种环境下,帮助学生形成健全的人格,对学生进行人性、品德、精神、意志等方面的教育，引导学生将优秀品质与坚定信念内化于自己的人格结构中。

### 2.社会功能

高校的思政课程在对每位学生产生微观的个体功能的同时，还会对整个社会的发展产生宏观的社会功能。

首先，高校思政课程教育有利于推动生产力发展。尽管思政教育并不会直接参与经济建设，但是生产力发展离不开德才兼备的劳动者，思政教育就是通过培养这样的人才来促进生产，劳动者的素质直接决定生产力发展。因此，要发展生产力，就要从培养高素质劳动者入手，劳动者的素质包括思想道德素质、科学文化素质、专业技能素质等，其中思想道德素质直接影响劳动者的思想意识与工作态度。同等条件下，拥有较高思想道德素质的劳动者对生产力具有更大的推动作用。

其次，高校思政课程教育有利于促进社会稳定与和谐的功能。我国正处于全面实现中华民族伟大复兴的重要征程中，和谐稳定的社会局面尤其重要，大学生是整个社会中的高素质人才，也是未来我国参与国际竞争的核心力量，他们的政治倾向、价值取舍、道德观念等都会对整个社会产生重要影响。通过思想政治教育，可以增强大学生对中国特色社会主义共同理想的认同感、增进爱国主义情怀，同时可以提高他们对西方意识形态渗透的抵制能力。这样，就可以培养出合格的社会主义建设者与接班人，对社会的稳定、和谐的发展起到积极作用。

最后，高校思政课程教育有利于促进社会主义文化的传承与发展。高校思政课堂是社会主义核心价值体系建设的主渠道和主阵地，习近平在十九大报告中提出，要坚定文化自信，推动社会主义文化繁荣兴盛。如果没有高度的文化自信与文化繁荣，就不会真正实现中华民族伟大复兴，在社会主义文化建设过程中，要坚持以社会主义核心价值体系为统领，因此将其纳入国民教育体系，融入精神文明建设全过程，是非常必要且有效的。高校思政课堂可以将一批优秀的教师与青年学生集中起来，进行系统深入的社会主义核心价值体系教育。此外，高校思政课程还能够促进中华文化弘扬与民族精神凝聚，这样培养出的学生既有坚定的社会主义理想，也学习了丰富的社会主义文化，一定会在社会主义文化事业的发展中起到重要作用。

## 二、社会思政教育途径

高校的社会思政教育担负着培养中国特色社会主义合格接班人的重任，

如何做好高校的思想政治建设，关键在于落实。高校开展思政教育的途径主要有如图 2-7 所示几种。

课堂集体教学　　建设思政智库

利用红色教育资源　　马克思主义学院建设

**图 2-7　社会思政教育的主要途径**

### （一）课堂集体教学

课堂集体教学是高校思政教育的主要途径，通常是传统的集体授课的形式，课堂教学可以将大批学生集中到一起，向他们传播马克思主义与社会主义，现代大学中都开设有思想政治课程，并且要求不同专业的学生都要接受思政教育。

对于大学生而言，对思想道德与政治的理解还比较浅显，对道德的本质与政治缺乏理性认识，因此，需要对青年学生进行集体教育，通过学习马克思主义了解道德现象背后的理论知识，从而树立正确的价值观念与坚定的信念。

大学学习的思政课程与中小学的这类课程有什么区别呢？首先，中学阶段学习的马克思主义理论的内容相对简单，大学则更加丰富深刻；其次，大学阶段的马克思主义理论可以教会学生如何科学地思考问题、看待社会发展规律、发现事物本质，引导学生从更深层次思考人与社会、人与人、人与自然之间的关系。这样对超越现象的本质进行理论学习，才能内化为学生的素质与精神，从根本上提升思政课堂教育的实效性。

"政治"对于很多学生来说仿佛是很遥远的东西，课堂教学就可以帮助学生理解政治和学习政治的作用。社会生活包括经济生活、政治生活与文化生活三大方面，经济提供物质保障，政治创造有序环境，文化提升文明水平，所以在社会发展中不能顾此失彼。其中政治包括政治思想、政治制度、政治机构等，政治具有阶级性，每个人都生活中一定的阶级社会中，因此政治也与每个人的自身发展息息相关。只有对思想政治理论的作用有清楚的理解，大学生才会自觉、自主、积极接受思政教育。

课堂教学侧重直观的呈现与理性说服，如果只靠教师讲授忽略学生的主动性，会导致教育效果的不理想，因此，很多教师、学者积极进行了课堂教学模式创新的理论与实践研究，如综合运用案例分析、课堂讨论、时政评述等多种教学形式，为学生创设多种认知情境，引导学生认同、接纳国家的主流意识形态与核心价值理念。

此外，相关讲座、活动、比赛等也是学生接受思政教育的有效途径，学生还可以多参加社会实践活动，将课堂中所学的理论与社会现实结合，加深自己对思政知识的理解，切实提升自己的思政觉悟与人文素质。

### （二）建设思政智库

智库是一种专门为公共政策和公共决策服务，生产公共思想和公共知识的社会组织。智库的工作内容有信息工作、调查研究、人才培养、沟通交流、决策咨询、专题培训等，主要功能包括提供思想产品、搭建交流平台、培养公共人才、引导社会舆论等。智库有官方智库、高校智库、民间智库这三种基本类型，其中高校智库起步于 20 世纪 80 年代，有着丰富的人才支持、可靠的资金保障与独立的社会地位，在中国智库格局中占有特殊地位。

高校思政智库的作用概括起来主要有如图 2-8 所示的几个方面。

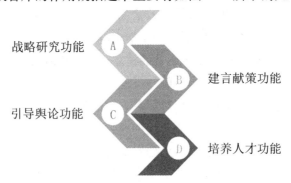

图 2-8　高校思政智库作用

第一，高校思政智库具有战略研究功能，高校中有许多具有较高研究能力的部门，如高校研究所等，高校思政智库也要根据国家政策，立足未来发展，研究国家发展战略，为高校做出科学民主的决策提供理论指导。

第二，高校思政智库具有建言献策功能，高校思政智库要在积累了丰富经验的基础之上，围绕国内外热点问题组织跨学科研讨，并积极研究国家方针与思想动态，为高校思政教育改革提出合理建议。

第三，高校思政智库具有引导舆论功能，智库要结合学术研究的优势，对一些社会问题，从自身学科角度提出一定解释，引导学术界与社会的舆论环境。

第四，高校思政智库具有培养人才的功能，各高校要在思政智库的理论指导下，结合学校学科特长，培养社会主义现代化建设需要的思政教育者与学术研究者。

高校思政智库的建设需要研究者和实践者的密切配合，实现智库建设的知行合一、理论与实践的统一。高校思政智库建设还需要在一定程度上突破学科的限制，既要突出一定的专业方向与焦点，也需要其他学科的帮助。此外，高校思政智库建设既要立足当热点问题，改善思政教育现状，也要能够从战略性角度提出新的客体，保障大学生思思政教育教学与研究工作朝着正确的方向不断前进。

### （三）利用红色教育资源

红色资源包括中国共产党革命时期的革命遗址、革命文物、革命人物精神等珍贵资源，这些红色资源对高校的思政教育与思政工作具有重要指导意义。高校应该充分利用红色资源，丰富高校思政教育课程。

红色资源有利于加强爱国主义教育。通过影视资料、红色基地等红色教育资源，学生可以体会中国共产党人的革命精神，感受他们为后人做出的巨大牺牲，学习革命人物的爱国主义精神，在这样的教育中，学生对爱国主义会产生更直接、更深层的理解，从而使自己的爱国主义得到升华，并将这种精神内化为自我品格的一部分，进而付诸行动。

红色资源有利于加强民族精神教育。以爱国主义为核心的民族精神是当代中国发展的内在动力，将红色资源纳入思政教育与校园文化中，可以使民族精神的内涵深入学生内心，令学生认识到伟大的民族精神是革命胜利与社会发展的根本保障。

红色资源有利于加强理想信念教育。坚定不移地走中国特色社会主义道路，是当代大学生应有的坚定信念。正是无数中国共产党人坚持马克思主义道路，才能战胜重重困难，取得革命的最终胜利，在今天的思政教育中要大力发扬革命者矢志不渝的革命理想，为大学生的思想进步进步提供正确的政治方向，将革命理想信念转化为社会主义建设的动力。

红色资源有利于加强意志品格教育。在长期的革命斗争中，共产党人艰苦奋斗、顽强不屈的意志品格是革命发展的重要保障，红色资源正是这些品格的反映，对当代大学生有着重要的教育意义。革命前辈的乐观主义、艰苦奋斗、勇于牺牲、永不放弃的品质都是留给我们的宝贵精神财富。

如何将红色资源用于思政教育，可以参考以下几点。

第一，将红色资源融入教材与课堂，突出课堂教学作用。高校的思政理论课是大学生思政教育的主要阵地，将红色资源融入其中，利用多种教学手段，带领学生学习红色故事，领悟革命精神。这样使整个教育既有理论高度，又有实践深度，既有历史的厚重，也有现实的思考，有利于学生对思政理论的理解与对红色精神的学习。

第二，创建红色教育基地，开展体验式实践教学。现在全国有很多红色教育基地，但这些基地的对象多为中小学生，大学生也是需要接受红色教育的重要群体，因此，高校要多多联合红色教育基地开展大学生的思政教育工作。利用红色教育基地，学生可以感受革命年代的历史环境与历史条件，在真实鲜活的革命事迹中受到感染与教育。

第三，注重校园文化建设，提升红色资源的教育功能。首先要加强校园的物质环境建设，对校园环境进行美化，在硬件设施上满足师生发展需求。其次要加强校园的文化环境建设，比如开展红色文化活动、宣传红色文化、开展校园特色文化活动等。将高校的校园文化建设与红色教育结合，使红色教育扎根于课堂，延伸到日常生活中。

### （四）马克思主义学院建设

#### 1.马克思主义学院建设的必要性

马克思主义学院作为马克思主义理论的研究机构，高校思政课程的教学部门以及马克思主义理论学科的依托单位，其建设情况直接影响到高校思政教育的实际效果，因此加强马克思主义学院建设，提升其影响力，是当前高校思政教育工作的重要任务，马克思主义学院建设的必要性如图 2-9 所示。

马克思主义学院是研究和传播马克思主义的重要阵地

马克思主义学院是高校思想政治理论课教学研究和马克思主义理论学科建设的主要承担者

马克思主义学院是意识形态工作的坚强阵地

图 2-9　马克思主义学院建设的必要性

马克思主义学院是研究和传播马克思主义的重要阵地，学院的主要任务就是研究马克思主义理论、建设马克思主义学科、从事高校思政教育教学工作，马克思主义学院要在思政课堂上，旗帜鲜明地向青年学生传播马克思主义与中国特色社会主义理论的完美结合，将中国经验、中国故事带入课堂中，使马克思主义在中国有更符合国情的传播与发展。

马克思主义学院是高校思政课程教研与马克思主义理论学科建设的主要承担者，对大学生树立正确的世界观、人生观、价值观有着不可替代的作用。当代学生的思想活动独立性高、选择性强、极具多样性，把握青年学生的思想文化，引导他们成为坚定的马克思主义者，就需要马克思主义学院的授课教师将马克思主义理论的影响扩展到各个方面，塑造出一大批优秀的优秀的青年马克思主义者，为社会主义事业提供有力的理论支持与人才支撑。

马克思主义学院是意识形态工作的坚强阵地，是我国高校意识形态宣传的鲜明旗帜。习近平指出，能否做好意识形态工作，事关党的前途命运，事关国家长治久安，事关民族凝聚力和向心力。高校是意识形态工作的最前沿，马克思主义学院可以帮助青年学生学习和接受马克思主义，为大学生在错综复杂的社会思潮面前指明科学信仰的正确方向。

### 2.马克思主义学院建设的路径选择

马克思主义学院的主要任务是研究马克思主义理论、建设马克思主义学科、从事马克思主义理论教学工作，目前马克思主义学院的建设在教师队伍、学科点建设、研究水平等方面存在一些相对薄弱环节。因此，在马克思主义学院建设与发展过程中，可以从下列几个路径选择着手。

第一，提高社会思政理论课程教学质量，全面促进学生发展。高校的思政理论课程是对大学生进行思政教育的主渠道，对大学生的世界观、人生观、价值观的形成发展及成熟具有重要意义，对大学生的价值导向与品德养成具有不可替代的作用，思政课程之所以是现在每所高校、每个学生的必修课，原因也正在于此，但是很多师生并未认识到其重要性，只是单纯"授课""听课"。因此，教师在讲授过程中，要有意识地进行深入浅出的讲解，以免学生觉得过于深奥或遥远，将思政理论课与实际生活、时事热点结合，引导学生思考，调动学生学习积极性，从而帮助学生树立正确的价值观念与道德认知，促进学生的全面发展。

第二，加强教师队伍建设，提升教师专业素养。思政理论课程、马克思主义理论在高校的传播、马克思主义学科建设等都离不开专业教师，打造一支有着过硬政治素养与专业素养、作风良好的教师队伍，是马克思主义学院建设的重要助力。要提升思政理论课程专业教师的综合素质，可以从以下几个方面入手。

（1）提高教师选聘标准，加大高级人才的引进力度。学校可以制定相应政策吸引高层次人才特别是优秀青年教师，加大师资建设的经费投入，强化教师激励机制，只有教师本人拥有坚定的马克思主义信仰与良好的人文素质，才能在教学过程中对学生进行言传身教。

（2）加强教师品德与作风建设，提高教师综合素质。在教师引进时就要对其进行思政考核，过关者方予录用。此外，在教师的成长过程中，学校要对教师进行继续教育，保证其政治方向不动摇，同时帮助教师不断提升自身综合素质与教学技能。

（3）健全教师教学考评机制。思政专业教师的考评要综合考量教学与科研能力，通过制定、规范教学管理制度，完善对教师的检查与考评，激励教师提高教学与科研能力。

第三，加快马克思主义学科建设，提升学院影响力。马克思学院是马克思主义理论学科建设的依托单位，马克思主义学科建设的马克思主义学院发展与教师发展的重要平台，强化马克思主义学科建设，提升学院影响力，有利于在全校甚至全社会形成良好的思政教育环境。高校在马克思主义学科建设过程中，要注意提升其建设地位，全面促进马克思主义学科的整体发展，并加大科研与教学经费投入，保障马克思主义学院建设的充分的资金支持。此外，要优化学科布局，突出重点学科与特色学科，形成具有本校特色的学院与学科发展方向。

总之，马克思主义学院建设对于加强高校学生对马克思主义及其相关理论的认可和学习有着十分重要的作用，同时对专业教师的素质提升有着积极的促进作用，马克思主义学院建设有利于高校思政理论课的良性发展，有利于引导学生正确的政治导向，帮助他们形成正确的人生观、世界观与价值观。此外，马克思主义相关理论的学习有助于学生从理性的高度认识世界与生活，有助于学生寻找生命的真谛与价值，对提升学生的人文素质与综合素质也有着重要作用。

## 第四节　人文素质教育的目标——人的全面发展

人文素质教育的最高理想目标就是实现人的全面发展，这也是共产主义

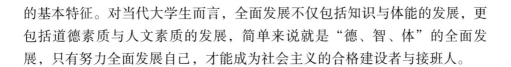

的基本特征。对当代大学生而言，全面发展不仅包括知识与体能的发展，更包括道德素质与人文素质的发展，简单来说就是"德、智、体"的全面发展，只有努力全面发展自己，才能成为社会主义的合格建设者与接班人。

## 一、人的全面发展

### （一）马克思的人的全面发展理论

人的全面发展思想在马克思主义思想体系中有着十分重要的地位，马克思指出，共产主义是以每个人的全面自由的发展为基本原则的社会形式，人的全面发展是共产主义的主要特征，全面发展有如图2-10所示的几个层面的内涵。

每个人的平等发展

人的类特性的应有发展

人的社会特性的和谐发展

人的个性的自由发展

**图2-10 人的全面发展内涵**

首先是每个人的平等发展。在旧式分工条件下，人们的活动受到各种客观条件的限制，人们的发展只能是这样的形式：一些人依靠另一些人满足自己的需要，少数人获得了发展的垄断权，但大多数人经常要为满足最迫切的需要而进行斗争，于是在新的革命的生产力出现之前暂时失去发展的可能性，最终导致个体发展的不平等。在现实社会中，人并不是抽象孤立存在的，马克思指出，一个人的发展取决于他直接或间接交往的其他一切人的发展。因此，人的全面发展应该包括每个人的平等发展。

其次是人的类特性的应有发展。类特性指人的自由自觉的创造性活动，人的类特性的应有发展，在内容与性质上指人的创造性活动能力与人的主体性的充分发挥和发展。如果个体长期从事简单的、单一的、被动的、贫乏的劳动，那么即使社会现代化进程在发展，个人也会失去目标感，失去对他人和社会的关心，这就是人的片面发展。因此，马克思指出，人的全面发展，主要内容应该包括劳动形式的丰富与完整，个人活动也要相应地达到丰富性、完整性、可变动性，这不仅是社会进步的要求，也是个体发展的必然性。

再次是人的社会特性的和谐发展。人的社会特性的和谐发展主要包括个人与其他人的和谐发展、个体与集体的和谐发展、个人与一切人的和谐发展、个人自身各方面的和谐发展。个人主义使人们可以不再受到某些秩序的压抑，可以选择自己认为有价值的生活方式与状态，有权决定自己的信仰，一定程度上有利于人的自由发展，但其缺陷在于抛弃了社会的公共准则，只注重自我的眼前利益，只将自己视为主题，将其他人视为客体，这非常不利于整体的和谐发展。因此强调集体主义，其目的也是在于每个人都得到充分的和谐的自我发展。

最后是人的个性的自由发展。个性自由发展包括如图 2-11 所示的几点内容。

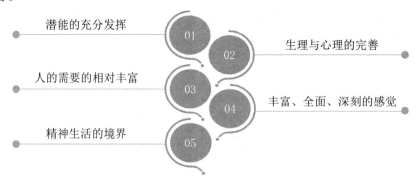

**图 2-11　个性自由发展内涵**

第一，潜能的充分发挥。人的个性和能力受到社会物质生活条件的制约，一般情况下，人们表现出的能力只是所有潜在能力的一部分，马克思认为，人的全面发展的内容之一，就是尽可能充分地发挥每个人的潜能。

第二，生理与心理的完善。人的个性自由发展要求有健康的体魄和心理，特别是心理健康经常影响生理健康，心理的完善是人发展的重要标志。

第三，人的需要的相对丰富。人的发展的内在依据是人的需要的不断丰富，根据马克思、恩格斯的论述，人的需要发展进程是从片面到全面、从低层次到高层次、从利己到利他的，这些需要的不断丰富与发展过程，体现出人的全面发展的渐进过程。

第四，丰富、全面、深刻的感觉。这主要指已有的物质生活条件赋予人们的内在感受，马克思指出，在资本主义条件下，人只存在拥有的、单一的和占有的感觉，这在很大程度上阻碍了人的个性自由发展。

第五，精神生活的境界，可以理解为个性的自由发挥。马克思指出，个性包含三层含义：作为主体性的个性通过人的能力体现出来、作为社会性的个性通过不同社会群体的角色体现出来、作为个体的个性通过不同个体的特性体现出来。个性的自由发挥，就是解放人的个性，使个人可以按照自己的意愿自主做事。

中国共产党人结合中国国情与未来发展方向，对马克思主义的人的全面发展理论做出了更加丰富的阐述，如"德智体全面发展""培育'四有'新人""培养'五个成为'的建设者和接班人""全面发展教育的核心是解决培养什么人、怎样培养人的问题"等，这些论述丰富了马克思主义关于人的全面发展的理论，同时为我国的教育发展指明了方向，更是新时代实行人文素质教育的重要思想指导。

### （二）全面发展的人的本质特征

什么样的人才是全面发展的人呢？全面发展的人要有真正丰富的需要、自由自主的活动、自由全面的社会关系与自由个性，这样的人可以全面占有和实现自己的能力，名称为全面而自由多向度的人，他们应当具有这些本质特征：健康和谐的主体人格、符合时代的价值取向、能力的全面性。

#### 1. 健康和谐的主体人格

人格是特殊的思想、感觉与自我观照的模式，他们共同构成个体的一系列鲜明的品质特征，人格包括如图 2-12 所示的几个主要部分，从图中可以看出，人格包括人的认知模式、行为方式与情感反应，可以总结为个体心理特质与行为特征的综合。

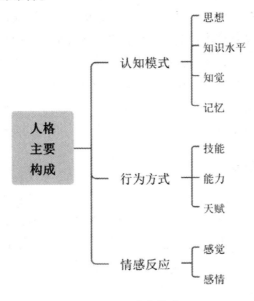

图 2-12  人格构成

心理学家认为，人格是一个人在与其所处环境的相互作用过程中表现出来的独特的思维模式、行为方式与情感反应的特征；人格反映出一个人总体的相对稳定的具有独特倾向性的心理特征的综合，很大程度上决定了人对外界的刺激做出的反应与反应的方式、程度等。人格是人的素质的基础，决定着个体的生理、心理与社会文化素质的综合发展。

人格的根本属性是主体型，即个体发展的为我性、受动性与能动性，无论是在受教育过程中，还是在实践活动过程中，主体都是围绕自身利益展开的，主体意识越深刻，主体能力与主体人格就越有力，作用也越大。

社会的进步与发展是人的主体性的对象化，是人的本质力量的实现，人的全面发展是适应现代实践发展需要的人的主体意识、主体能力的发展，努力促进人的发展，就为社会的全面发展提供了主体条件与基础。只有发挥人的主体作用，培养健康和谐的主体人格，社会主义现代化建设的目标才能真正实现。

### 2. 符合时代的价值取向

价值观念作为一种主观意识形式，是以价值实现或价值关系为其客观内容的，价值观念是在已有的价值关系的基础上生成的，是从已存在的价值关系出发形成的自觉认识。每个时代都有与之相适应的价值观念与思维方式，随着社会主义现代化建设与社会主义市场经济的发展，人们的生活方式、价值观念都发生了巨大的变化，出现传统价值观与现代价值观的冲突。

不论价值观如何变化，全面发展的人要求个体价值观必须符合时代发展要求。第一，要坚持社会本位观，现代社会要求充分发挥个体作用，但是反对将个体凌驾于社会之上，个人价值大小要以他对社会贡献多少为尺度，而非以自己既得利益多少为依据，健康的价值取向应该坚持个人服从社会的原则。第二，要坚持按劳分配为主体，这样有助于展开公平竞争，激励人们努力提升自身综合素质，从而使全社会的整体素质得到提高，推动社会现代化发展。

### 3. 能力的全面性

马克思将人的自由全面发展视为历史归宿，视为未来新社会的本质要求与人的本质的最完美体现。人的全面发展包括多个方面，最首要的是人各种能力的发展，恩格斯曾说"使社会全体成员的才能得到全面的发展"[1]，现在看来，人的能力的全面性指人应该具有以下能力：

---

[1] ［德］马克思，恩格斯.马克思恩格斯选集：第1卷[M].北京：人民出版社，1972：223.

①包括认识能力、实践能力、社交能力和适应能力的一般能力；

②从事特定社会职业所必需的专业技术能力；

③个人为集体、社会创造物质财富与精神财富的能力。

人的全面发展要以社会的全面发展为条件，也要以进一步推动和促进社会全面发展为目的。只有具备了全面的能力，人才能不断挣脱自然、社会关系与旧思想的束缚，才能充分发挥个人的潜力，不断认识、利用客观规律，等等。达到能力的全面性，"人终于成为自己的社会结合的主人，从而也就成为自然界的主人，成为自己本身的主人——自由的人"①。

## 二、人的全面发展的实现途径

### （一）实现人的全面发展的条件

人的全面发展的实现不仅要有个人的努力，还与外部环境息息相关，要想实现人的全面发展，需要满足如图 2-13 所示的几个条件。

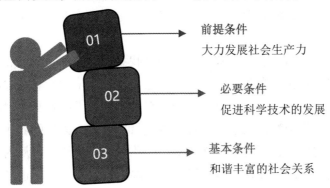

**前提条件**
大力发展社会生产力

**必要条件**
促进科学技术的发展

**基本条件**
和谐丰富的社会关系

图 2-13 实现人的全面发展的条件

首先，大力发展社会生产力是实现人的自由而全面发展的前提条件。生产力决定人类的发展状态，"当人们还不能使自己的吃、喝、住、穿在质和量方面得到充分供应的时候，人们根本不能获得解放。"②只有大力发展生产力，才能创造日益丰富的物质生活资料，满足了生存需要，人们才能谋求发展，而且生产力的发展可以缩短人的劳动实践，增加个人全面发展的时间。

其次，促进科学技术的发展是解放劳动的必要条件。科学技术可以促进

---

① ［德］马克思，恩格斯 . 马克思恩格斯全集：第 3 卷 [M]. 北京：人民出版社，1972：443.

② ［德］马克思，恩格斯 . 马克思恩格斯全集：第 42 卷 [M]. 北京：人民出版社，1972：131.

社会结构的深刻变革，提高社会生产质量，变革社会生产方式与生活方式，同时科学技术的发展还可以促进人们观念形态的革新，是克服落后观念的重要力量。科学技术的应用使劳动获得解放，也使个体充分发展的自由时间增多，可以促进社会成员的个性自由发展。

最后，和谐丰富的社会关系是人的全面发展的基本条件。人的社会关系并非与生俱来的属性，而是在与人交往中直接或间接形成的，社会关系在很大程度上决定着一个人可以发展到什么程度。人的能力发展离不开社会环境与社会交往，受到具体的社会关系的影响，同时，人的发展现实地表现在具体社会关系的变革中。

### （二）人文素质教育——人的全面发展的实现途径

马克思指出，教育是人的全面发展的根本途径甚至唯一方法①。要塑造一个人，使他获得劳动技能与道德技能，需要知识技能的教育与思想政治的教育，还需要人文教育，大力发展教育事业是人全面发展的重要途径。人文素质教育之所以能够促进人的全面发展，主要是由人文素质教育的功效决定的。

首先，人文素质教育能够激发人的自我意识。人的全面发展的关键就在于自我意识的强化，自我意识是人对自己与外部环境相互联系中所具有的能动性的意识，它强调的是人对自己的存在及价值追求的自觉，对人的成长起到自我导向的作用。人文素质教育的价值目标是人文素质的养成和实现，并非文化知识的传授，而是要将文化知识内化为人文素质，再从内在的人文素质外化为人文实践。在这个转化过程中，离不开自我意识，也是自我意识不断增强的过程。

其次，人文素质教育能够唤起人的生命价值感。拥有较强的生命价值感是人全面发展的重要标志，人的生命存在，既体现了自然属性，也有着社会属性与文化属性，因此，人的生命价值感不仅包括生存，还包括发展，二者不可分割。而不论求生存还是求发展，都不能离开人文素质教育，人文素质教育重视人生存的社会性与文化性，重视过程体验、情感交流与精神充实，也正是如此，人文素质教育可以引导个体吸收知识中的智慧，进而觉悟生命的价值阵地，唤起人的生命价值感，最终实现人的价值的最大化。

---

① ［德］马克思，恩格斯. 马克思恩格斯全集：第 23 卷 [M]. 北京：人民出版社，1972：530.

最后，人文素质教育能够促进人的自我完善。需要指出的是，全面发展并不是指平均发展，而是人的个性与人格的充分发展，人文素质教育则是这个发展目标的助推器。人文素质教育以人文学科知识为载体，人文学科知识是研究人本身或与个体精神直接相关的文化世界的学问，人文学科的主要作用在于发展人性、完善人格、提高文化素质与文化品格。人文素质教育以文化为底蕴，注重引导学生追求人的情感与精神的和谐发展、追求生活的质量与人格的完美，因此，人文素质教育可以引导人们实现自我完善与自我发展。

总之，人文素质教育是实现人的全面发展的根本途径，也是社会进步的重要助力。现代高校是人文素质教育的重要阵地，因此，高校的人文素质教育十分重要，对青年大学生的长远发展以及社会的持续发展都有深远的影响，在高校实施人文素质教育十分必要且紧急。

# 第三章 高校人文素质教育培育的必要性分析

# 第一节　现代大学生的人文素质教育现状

人文素质教育在现代高校教育中受到更多重视，很多学校也都开设了相关的课程与实践活动，其中既有值得借鉴与推广的经验，也有需要反思与改进的方面，比如人文素质教育停留在"课程"层面，过多追求知识体系，未能达到真正提升学生人文素质的目的。因此，对现代大学生的人文素质教育现状进行分析探讨十分必要。

## 一、现代大学生人文素质教育教学特征

### （一）课程设置

在课程设置方面，目前国内大学的人文素质教育多采取"主干"加"补充"的组合课程模式，"主干"为马克思主义基本原理概论、毛泽东思想和中国特色社会主义概论、中国近现代史纲要、思想道德修养和法律基础等课程，这些为所有大学生的必修课程；"补充"课程则为各种选修课课程，如心理学、文学、美学之类的课程。

这种可以添加不同课程的模块化课程设置模式，是我国大学人文素质教育的一个显著特点，这种课程构建的模式，具有比较丰富充实的内容，可以针对学生兴趣与时事热点进行灵活调整。

不过，针对高校大学生，应该重点培养哪些人文素养、应该开设什么课程、这些课程如何组合才能发挥最大效用，这些问题并未得到很好的解决，而且多采取课堂讲授的方式，造成了课程丰富但无法深入学习的现象，一定程度上可以拓宽人文知识，但是对人文素质的提升效果并不明显。

### （二）教学内容

在教学内容方面，我国高校的人文素质教育特别突出思想政治教育的核心地位，很多学者逐渐认识到并强调不能将思想政治教育等同于人文素质教

育，并且针对当代大学生的特点，补充安排了心理疏导、法律知识讲解、文学艺术赏析、社会走访调研等更大范围的教学内容，但是这些教学内容并不普遍，一方面各高校开展得不平衡，另一方面在同一所学校内，相关教学内容只能照顾到有相关意向的少数学生。

以思想政治素质为主的教育内容呈现出明显的单一性与较强的意识形态化倾向，这是我国高校人文素质教育的另一突出特征。这样的教育内容突出了特定价值导向的优势，但是使人文素质教育的范围被局限了。因此，除思想政治课程之外，也要结合各学校与师生具体情况，合理安排其他人文相关教学内容，使学生在树立坚定的社会主义价值观的基础上，全面提升人文素质。

### （三）教育方式

受制于现在的高校办学机制、教育理念、教学条件等现实因素，尽管许多高校在积极探索努力创新，创设了社会实践活动、人文讲坛、校园比赛等多种提升学生人文素质的方式，然而整体来看，高校的人文素质教育方式依然是以显性知识的单向传授为主，这是我国高校人文素质教育的第三个显著特征。虽然现在一些高校广泛采用了多媒体等现代化教学手段，一定程度上增强了讲授方式的灵活性，但是本质上还是知识的单向传输。

总之，目前国内高校的人文素质教育以传统课堂讲授为主，学生被动接收人文知识；重视显性人文知识传授，忽视学生自我内化能力的提升；人文素质教育停留在课堂上与书本上，缺乏实践能力的锻炼；等等。这些都是我国高校在人文素质教育方式方法上的现状，基于此，很多学者呼吁高校的人文素质教育改革也要体现在形式上，使教学方式本身也成为"人文主义"的一部分。

### （四）师资队伍

为满足人文素质教育教学要求，高校都组建了一支数量庞大、专兼混合、可承担相关课程授课任务的教师队伍，这是我国高校人文素质教育的另一特征。

在这支教师队伍中，思政教师依然占据主体地位，他们除了对大学生进行意识形态与思想政治的教育之外，部分教师还会根据自己的特长开设一些人文素质相关的选修课程。此外，一些高校在音乐、艺术、体育等课程领域也设有专任教师。

兼任教师包括辅导员、班主任、主管学生的党支部负责人等，这是高校内兼职从事人文素质教育的最多数量的教师群体，他们除自己的行政工作之外，也会负责学生的思政教育，但是辅导员、班主任等多由年轻教师兼任，因此流动性较大，并且教学水平参差不齐。还有一类兼任教师是由校领导和校团委、学生处的领导干部组成，这些教师的人文素质教育工作具有较强的临时性与针对性，比如针对相关事件或活动进行人文素质教育，或者就人文素质的某个层面开展报告、活动等。这些专任和兼任老师共同构成高校的人文素质教育的师资队伍。

## 二、现代大学生人文素质教育的问题

我国的大学人文素质教育在课程设置、教学内容、教学方法、师资队伍等方面有着鲜明的特点，这些特点主要是由我国的教育传统与具体国情形成的，一方面体现出我国大学人文素质教育中的优势，另一方面也将其不足暴露出来。我国大学生人文素质教育的主要问题有以下几点，如图3-1所示。

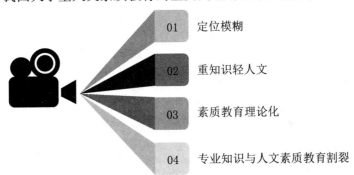

01　定位模糊

02　重知识轻人文

03　素质教育理论化

04　专业知识与人文素质教育割裂

图3-1　现代大学生人文素质教育问题

### （一）定位模糊

面对不同年龄、不同专业背景的受教育者，人文素质教育的范围、方式、具体目标都应该有所不同。大学生人文素质教育与中小学生人文素质教育的区别何在？大学生人文素质教育应该着重解决人文素质中的什么问题？大学生人文素质教育要达到什么样的目标与效果？这些都是开展大学生人文素质教育之前要弄清楚的问题。

但是，纵观我国的人文素质教育现状，整体上采用的教育模式十分统一，针对不同专业、不同层次的大学生，人文素质教育内容与形式几乎相同，甚至除了知识范围、知识深度的区别之外，大学生人文素质教育与中小学的人文素质教育并无实质性的不同。

针对大学生的心理特征、成长需求与不同专业的发展需求，应该选择哪些人文素质内容与什么样的教育方式，这些问题都是由于大学生人文素质教育的定位模糊造成的，导致现在大学中的人文素质教育理论研究不足，实践研究普遍被忽视。从小学到大学一直是相对传统、固定的人文素质教育模式，这种不具针对性的教育模式不仅削弱了教育对不同阶段学生人文素质提升的作用，对大学生而言更不具备专业亲和性，不利于高校人文素质教育的时效性。

### （二）重知识轻人文

在中小学阶段，人文素质教育重在传授相关人文知识，帮助学生学习做人的道理，学会如何做人。但是大学生基本已经成年，在心智上比较成熟，能够相对独立判断是非曲直、约束自己的言行，因此对大学生的人文素质教育的重点在于"育"而不是"教"。

大学阶段学生的主要任务是专业学习，因此人文素质教育除了开设专门的课程之外，更应该渗透在专业课程学习中。所以，大学生的人文素质教育要紧密结合学生具体情况与专业知识，培育学生自觉自主地成为一个对社会有用的人格完整的人、成为一个对社会负责的全面发展的人。大学人文素质教育要以教育为中心，以学生为主体，教师要引导学生发现人生价值，使学生理解自己与所学专业的社会价值与社会意义，逐步形成优秀的人文素质。

然而，在我国的大学人文素质教育中，偏重教师的理论知识教学，忽视以学生为中心的人文素质的自我培养与外部培养，更缺乏行之有效的培养方法。现在很多高校意识到这种重知识轻人文的情况的存在，增设了人文相关课程，但是这种举措并不能从根本上提升学生的人文意识，真正的人文素质教育绝不是一两门课程可以做到的，而是要渗透在校园学习与生活的方方面面，使学生真正从内心感受人文的魅力。

### （三）素质教育理论化

人文素质的内涵十分丰富，人文知识只是人文系统的一部分内容，人文知识可以分为显性知识与隐性知识两种，前者是以传授和理解为核心的人文知识，后者是通过实践训练与内在获得的人文知识。

通常来说，人文知识的获得与人文素质的提升并不是简单的线性关系，二者是不能直接等同的，了解一定的人文知识并不代表具有相应的人文素质。但是目前我国大学生的人文素质教育恰恰忽略了人文素质教育的复杂性与丰富性，十分偏重显性知识的传授与学生人文素质的标准化评价等，这就导致人文素质教育课堂成立课堂显性知识教学与理论考核，造成学生并不注重人文素质的提升，而注重分数的提升。

随着人文素质教育的深入人心，很多教育学者已经关注到这些问题，并积极探索解决措施，但是多为出现问题解决问题、缺少知识补充知识的常规建议与做法，少有革新性理论与实践。这说明传统的教育理念已经不适用于当下的大学人文素质教育，有必要更新教育理念，寻求新的发展与突破。

### （四）专业知识与人文素质教育割裂

每位学生的人文素质都是一个具有丰富个性特征的自组织系统，这个系统的具体结构关系到个人成长的具体过程，包括从小到大接受的课程教育、家庭教育、社会影响、人际交往等多个方面。大学生由于所学专业的不同，会受到不一样的系统教育，这些教育会使大学生形成不同的知识结构与心智模式，决定着他们对人文素质教育信息资源的选择取向与理解能力，决定着他们对这些资源的认识程度与内化方式。

大学生的人文素质教育必须要围绕培养高层次专业人才展开，深入挖掘相关专业本身的人文价值与社会意义，并根据学生的不同知识结构与心理模型，选择具有专业特色与专业亲和力的教育内容与方法，这样才能将人文素质教育内容与学生所学专业知识融合，并最终内化为学生的内在品质。

目前很多学校的专业教学与人文素质教育是割裂的两套体系，人文素质教师与专业教师各自独立，人文素质教育与专业学习的知识边界相互分离，造成二者之间的严重断层，从教学体系上制约了人文素质教育的实施效果。

定位模糊是导致轻视人文素质教育的重要导火索，对素质教育的轻视或忽视必然使其走向知识理论化，进而造成专业教育与人文素质教育的割裂。要想解决这些问题，必须整体谋划，为此，要进一步分析这些问题的产生原因，以便更有针对性地予以解决。

## 三、现代大学生人文素质教育问题原因

目前我国高校的人文素质教育问题产生的原因是多方面的，既有客观条件的因素，又有主观意识的因素；既有教育本身的限制，也有社会各方面的影响。针对前面提到的人文素质教育中的问题，对这些问题产生的原因进行探讨分析。

## （一）思想认识方面

首先，对高校人文素质教育的价值及其在高校教育教学中地位的认识不足。提到人文素质，没有人会否定其必要性，但是真正的落实情况并不如意，人文素质教育在许多学校的教育实践中是一种政策性的应景行为或者补充性措施。这种局面往往是学校与师生都可以认同并接受的，一定程度上说明人文素质教育的重要性并未深入人心。这是造成我国高校人文素质教育一切问题的最基本、最深层的原因之一。

其次，针对不同高校人文素质教育的特性认识不够。如果说对人文素质教育的重视程度只是在实践上有所欠缺，那么高校人文素质教育的特性就连理论层面也少见研究，与中小学相比，高校的人文素质教育应该针对高校学生的心理特征、发展阶段、专业领域等来具体实施，教育的目标、内容、方法等，都是高校人文素质教育要首先明确的问题。这些问题的不确定，直接导致了高校人文素质教育定位的模糊性。

再次，学校师生普遍对人文素质的内容与实质存在片面认识甚至误区。人文素质的内容范围极广，包含人文知识、人文精神、人文行为、人文情怀等，但是实际的人文素质教育往往又专注于人文知识的传授与讲解，这就使人文素质的实质理解出现偏差，将人文素质误认为是知识积累的学习成功。这种片面的认识无疑是高校教育中素质教育知识化的直接原因。

最后，多数教师对人文素质的培养过程与形成机理认识的不充分。人文素质的养成伴随着人的一生，处于不断的发展与变化过程之中，而高校的"缺啥补啥"式开设课程，就是对人文素质培养的过程性、动态性、变化性的不清楚所致。人文素质的养成并非线性过程，因此需要更加先进、复杂的教育理念对人文素质教育进行指导，明确人文素质的培养过程与形成机理，才能真正帮助学生全面提升人文素质。

## （二）现实条件原因

除主观认识层面的原因之外，一些人文素质教育中的问题是由于客观现实原因导致的，这些现实原因也在一定程度上制约了我国高校的人文素质教育的发展。

第一，高校的教育管理体制机制不够科学灵活。很多高校对教学环节的设立、专业与课程的设置及教学内容调整方面，都无权根据自身情况与师生需求进行灵活处理。当然，现在大家都已经意识到相关问题，相关的改革与

新的体制机制建设正在进行当中，相信将来这种情况一定会有所改善。

第二，高校自身办学条件制约。高校开展人文素质教育需要一定的条件保障与经费支持，但是人文素质教育的软硬件条件与其他教学项目相比就显得十分微薄。比如很多高校没有足够的能力组织学生进行校外活动实践，长此以往，人文素质教育就只能围绕课堂教学与校园活动展开，无法再开辟其他必要的教学途径。

第三，高校校园人文氛围的缺失与师资力量不足。环境的熏陶与教师的身体力行胜过言语的说教，对任何教育都是如此，人文素质教育自然也不例外。浓厚的校园人文氛围是高校大学生将人文知识内化为自身人文素质的必需环境，优秀的师资是人文素质教育成功实施的保障，是大学生人文素质养成的关键引领者。如果没有校园人文氛围的熏陶与优秀师资的引导，人文素质教育就会流于形式。

第四，外部环境影响。外部环境对人文素质教育也有不容忽视的影响。首先，现代社会中，科学技术、市场利益等占据了社会的主要资源，人文素质、人文环境被边缘化。其次，一些互联网现象使很多优秀传统美德遭受质疑与冲击，一定程度上影响甚至改变了人们的道德观念。此外，我国自古就有重视自我修养与人文素质教育的传统，但是现代很多高校重视科学主义教育忽视人文素质教育，当然，这也是过去几十年中因为我国经济发展的需要，但是随着经济基础的巩固，人文素质教育应该尽快恢复到其原有的地位，以保障与经济水平相当的人文素质水平。

总之，我国高校中的人文素质教育处于发展阶段，不可避免地暴露出很多问题，面对这些问题，不能只是遇到问题就解决问题，更要从根本上确立人文素质教育的重要地位，这就需要学校与相关部门认识到在现代高校中人文素质对学生、对社会的价值及教育的必要性。对人文素质教育的重视必将成为现代高校发展与面向未来发展的重要转折点。

## 第二节　人文素质教育价值与必要性

现代社会对人才素质要求越来越高，强调专业素质与人文素质并重。人文素质教育也受到越来越广泛的重视，这不仅仅是职业发展与社会发展的需求，也是个体发展的自身需求。人文素质教育之所以在当代受到多方关注与重视，主要是因为其具有非常重要的价值，是当代人才培养与社会健康发展必不可少的要素。

## 一、人文素质教育是人全面发展的基础

周光召先生说："教育的目的首先是教会做人，做一个大写的人，一个不仅有谋生技能、能享受物质生活的人，而且同时做一个高尚道德的人，一个脱离低级趣味的人，一个追求智慧和真理的人，一个有创新思维和坚强性格等人，一个不断促进社会和人类自身进步的人。"[①]

在中国古代，就强调人的全面发展，君子要习六艺：礼、乐、射、御、书、数，对应到现代教育，可以理解为品德、音乐、体育、智育、文学、数学，也就是德智体美劳的全面发展，在古人看来，人的知、仁、勇是辩证统一的，一个人要想在社会立足，要想成为一个完整意义的人，一定是要自由、全面发展的，其中人文素质的培养是非常核心的内容。

马克思在唯物史观的基础上提出了对人的本质的科学判断，他提出，在研究人的本质时，是要从实践活动中出发的，并且得出这样的结论：人的本质不是内在的抽象的，是现实中一切社会关系的综合。人类社会的前进就是生产力发展与人的发展的过程，而生产力的发展不是目的，说到底生产力的发展是为了满足人的需要，实现人的发展。可以看出，马克思不仅关注生产力发展，更关注人的发展，并将人的发展视为社会进步的重要准则。

人的全面发展，就是人的社会关系的全面发展，即人的社会交往的普遍性与人对社会关系的控制程度的发展。另一方面，人的全面发展，也并不是说一个人的发展，而是整个社会中每个人的全面发展，只有人人得到全面发展，才能推动社会的真正进步。人的发展，从根本上说就是人的综合素质的提升，包括人文素质、科学素质、道德素质等。

按照马克思的观点，"一个人的发展取决于和他直接作或间接进行交换的其他一切人的发展"[②]，人不仅有自然属性，更有社会属性，作为一个社会人，要丰富发展自己的社会关系，就要对自己和他人有充分的认识，必须做到关心人的命运。高校的人文素质教育本质上就是教学生认识人的活动，引导学生思考人生目的与意义，发展人性，升华人格，指引学生成为真正的人。

人文素质教育在职业素质与身心素质的全面发展中有着重要作用，人文

---

① 王西维．汉语言文学与大学生人文素质教育[M]．长春：吉林人民出版社，2019：83．
② [德]马克思，恩格斯．马克思恩格斯全集：第3卷[M]．北京：人民出版社，1972：477．

素质是学生学习专业素质的基础，可以帮助学生理解专业知识，掌握专业技能，同时，人文素质教育也可以推动专业教育，如果学生具有较高的人文素质，可以帮助他顽强克服困难，完成专业学习，并且以创新精神推动对专业学习的深入研究。具有较高人文素质的人可以形成科学的思维方式与坚韧的品质，使自己能够应对来自外界的各种压力与问题，这对专业素养与身心素质的提升都十分重要。

人的全面发展，不仅是现代社会发展的要求，也是人自身发展的需要。每个人在社会中一定会从事某种工作、处理某些事情、与某些人进行交际沟通等，因此，每个人都要学会专业知识之外的人文素质，比如尊重他人的意识、处理问题的能力、克服困难的毅力等基本人文素质，如果一个人没有这些素质，一定会处处碰壁甚至被社会淘汰；当然，如果一个人能够拥有超凡的见识、不俗的谈吐、深厚的修养、强大的内心等，即有着更加出色的人文素质，一定可以为社会做出更大贡献，更好地实现自己的人生价值。在学校教育中，教师要有意识地为学生传授专业之外的人文课程，为学生的全面发展添砖加瓦。

此外，社会上的每一个人，都要参与社会活动，丰富自己的工作与生活，实现自我与社会的全面和谐发展。冯友兰曾说，大学教育应该培养人，而不是制造机器；爱因斯坦也提出，仅仅教育一个有专业知识的人是不够的，通过专业教育，他可以成为一个有用的机器，但无法成为一个和谐发展的人。

只有深刻重视人文素质教育，以人的发展为目的，培养学生的适应能力、创造能力、高度的责任感与健全的人格，才能实现人文素质教育，才能满足学生对于自身全面发展的需求。

## 二、人文素质教育是创新素质教育的基础

创新素质教育是指在学校教育中对学生进行创新精神与创新能力的教育和培养，要想完成创新素质教育，离不开人文素质教育培养的人文精神。

首先，创新人格的培养离不开人文素质教育。人文素质教育追求对完美的理想化人格的塑造，创新素质教育追求人格发展的和谐性与特异性的统一。人格的和谐性，即德、智、体、美、劳等教育对学生身心成长的影响及内化渗透；人格的特异性，指从事创造性工作所必备的精神品质，包括坚持探索、不人云亦云的独立人格，敢于挑战权威的批判精神，不拘一格善于变通的灵活态度，还有博采众长、虚心请教的广阔胸怀。人文素质教育注重内心的体验与感受，如文学、史学、艺术、哲学等都有这样的特点，这种对人

内化机制的培养，可以大大鼓励学生对事物的好奇心、求知欲与探索精神，使创新活动具有更加深层的动力机制。

其次，人文素质教育对完善思维方式、保证思维活跃性、提高思维水平有积极作用。逻辑思维可以保证思维的条理性，数学思维保证思维的准确性、实证思维保证思维的可靠性，在这些思维之上的灵感思维与直觉思维，则可以保证思维的创造性。而直觉思维与人文教育的启迪、右脑的开发有着紧密的联系，知识的有限的，但是想象力是无限的，丰富的想象力正是创新思维的基础，而想象力的培养离不开人文素质教育。自然科学只能提供知识，不能提供智慧，智慧是靠想象、感觉、记忆等心理活动产生的。

以艺术教育为例，艺术教育不仅能够提升人的审美能力，还能够促进人的智力开发，对创造性工作的展开十分有益，艺术活动的形象性与感染力可以有效激发人的热情与创造性。艺术活动可以开发人的形象思维能力，受过良好艺术教育或具有艺术修养的人，都具有十分出色的形象思维能力，这是因为艺术作品有着丰富的内涵，具有激发和调动欣赏主体心理活动的功能。除艺术之外，文学、哲学等人文素质知识对人的思维也有不同的促进作用，因此说，人文素质教育为创新素质教育提供了基础与保障。

另外，人文素质教育可以适应其他学科发展的需要。科学的发展体现在两个方面：一是原有学科越来越细化、专业化，二是各学科的交叉渗透甚至融合。现代科学发展中，自然科学与人文社会科学的综合化趋势越来越明显，理科与文科之间的裂缝需要用人文科学进行黏合。在高校开展人文素质教育可以帮助理工科学生拓展人文知识领域，帮助文科学生了解自然科学与工程技术，同时提高相应的人文素质，为学生的专业化学习积累丰富的知识与思维方式，促进学生专业学习的进步与整体素质的提升。

## 三、人文素质教育是社会主义先进文化建设的要求

如果说科学技术是对生命的外在观察，那么人文文化就是对生命的内在观察，二者共同使人对生命有了更加深入、准确的认识，指导人们正确处理人与自己、与他人、与自然的关系，这也是人类文明发展的必然。我国的社会主义文化的前进方向是满足人全面发展的需求的，反之，社会主义先进文化的建设也要求每个人都具备良好的人文素质以促进社会文明发展。

文化进步与人的发展方向是具有一致性的，中国当代先进文化发展的根本目标是满足人民日益增长的美好生活需要与精神文化需求。因此，应该提倡如图 3-2 所示的 3 种文化精神。

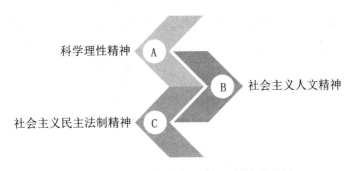

**图 3-2　社会主义先进文化建设所需文化精神**

第一，要倡导科学理性精神，要求人们热爱、尊重、学习并使用科学，摆脱落后与无知，教师要教导学生使用科学知识武装自己，运用科学思维分析解决问题，勇于创新，敢于挑战。

第二，要倡导社会主义人文精神，确立人在社会发展中主体地位与主导作用，正确看待人与科技的关系，超越工业文明的历史局限，学生要学习尊重他人的价值与权利，构建团结互助、和谐友爱的人际关系，关注人的全面发展与现实幸福。

第三，文明要倡导社会主义民主法制精神，在社会主义文化建设过程中，注重增强公民的民主意识、权利与义务意识、法律意识等，全面推进社会主义民主法制建设，形成良好的社会文化环境。

在当代中国，发展先进文化，就是要发展面向现代化、面向世界、面向未来的民族的、科学的、大众的社会主义文化，丰富人们的精神世界，增强精神力量。不仅要大力发展先进科学，更要建立整个社会的良好人文环境，提高社会文明水平与全体人民的思想道德水平。随着市场经济的发展，今天的文化与人们的人文素质正在面临巨大的挑战，要时刻坚持并弘扬以爱国主义为核心的中华民族精神与时代精神，发展社会主义先进文化。

校园文化正是先进文化的重要源泉，始终走在社会主义文化前列，学校不仅承担育人的任务，也承担着引领社会文化的重要职责。因此，学校要用先进文化武装学生思想，陶冶情操，全面培养学生的社会主义公民素质。引导学生增强民族自尊心、自信心与自豪感，使全体师生都加入到建设社会主义精神文明中来，全面提升自己的人文素质，以此带动全社会的人文环境的形成。

## 四、当代高校学生人文素质现状的要求

受到社会环境的影响，在很多高校，都不同程度地存在重科技、轻人文

的现象，导致高校学生的人文素质堪忧，而社会竞争的加剧，也使很多人开始抛弃人文精神。杨叔子院士将现代社会与学校中忽视人文素质的现象总结为"五精五荒"[①]，如图3-3所示，而这些冲突的根本就是"荒于人文"。

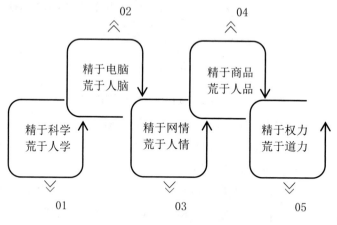

图 3-3 "五精五荒"

高校学生的人文素质整体情况堪忧，从学校层面来看，人文选修课程的数量不足，人文必修课程的内容又不够丰富，比如很多高校甚至没有将《大学语文》列为必修课或选修课，学校对人文课程与人文素质教育的重视度远远不够，除了必要的思政课程，其他人文相关课程少之又少。

从学生层面来看，很多高校学生特别是理工类学生在历史、文学、艺术等方面的知识十分匮乏，而且课外阅读被网络小说填充，不少学生认为只要学好专业知识就行，没有必要学习人文类的课程，只有少部分学生认为思想道德修养与法律基础等基础类思政课程是十分有必要学习的[②]。对人文素质教育的忽视，一方面导致学生的眼界局限于专业领域与一些兴趣领域，不利于学生对知识的全面学习，另一方面不利于学生的身心健康发展，面对问题或困难容易出现心理问题。

从学校到学生，都未对人文素质教育产生足够的重视，而这也正是人文素质教育的目标之一，就是使学生意识到人文素质对自身发展的重要作用。人文素质教育对学生的发展有怎样的影响呢？

首先，加强人文素质教育，有利于学生人文精神的培养。人文精神是社会发展的强大精神支柱，科学精神追求理性与知识价值，人文精神强调知识

① 金疆，王伟.传统茶文化在大学生人文素质培养中的实效研究[M].沈阳：辽宁大学出版社，2019：46.

② 陈强.新时代高职院校人文素质教育研究[M].昆明：云南大学出版社，2020：89-92.

应用时的责任感与价值观，如果说科学精神推动社会进步，那么人文精神就是确保社会健康发展。通过对学生进行人文素质教育，可以将人类优秀的文化成果内化为青年学生的稳定的内在素质。

其次，加强人文素质教育，有利于学生健全人格的培养。日本教育家小原国芳提出"全人教育"，指出缺乏人文素养的人是功能不全、人格不全的人。现在世界范围内都存在重科技轻人文的现象，过度专业化导致了科学与人文的割裂，使人才的知识结构过于单一，人文素质教育可以在很大程度上改善这种现象，使学生兼具科学素质与人文精神，培养学生健全的人格。

最后，加强人文素质教育，有利于学生树立正确的世界观、人生观与价值观。大学阶段是学生世界观、人生观、价值观形成的关键时期，辩证唯物主义与历史唯物主义提供了科学的世界观，有了科学的世界观，就可以树立正确的人生观。在生活与工作学习中，要懂得做人的意义与价值，"大学之道，在明明德，在亲民，在止于至善"（《大学》），唯有认识到人生的意义，才能培养高尚的道德修养与崇高的精神境界。只有树立马克思主义的世界观与人生观，才能提高对社会现象的认知与评价能力，形成正确的价值观，通过人文素质教育学习如何处理个人价值观与社会价值观的关系，不断提升自己的道德水平。

# 第三节　国外大学人文素质教育启示

探讨当代大学生的人文素质教育离不开国际化的视野，在教育改革发展过程中，也要善于学习、借鉴国外先进的理念和方法，学习发达国家的人才培养模式，注重学生通识教育与人文素质的提升，实现国际教育的本土化，以有效应对新时代的挑战。

## 一、欧美国家的人文教育

### （一）美国的通识教育

通识教育，也叫普通教育、一般教育、通才教育等，在19世纪之前指小学教育。19世纪20年代，美国鲍德学院的帕克德教授首次将通识教育与大学教育联系起来，他将大学的通识教育解释为"一种古典的、文学的和科学的，一种尽可能综合的教育，它是学生进行一切专业学习的准备，为学生提供所有知识分支，使学生在专业学习之前对知识的总体状况有综合全面的了解"①。

通识教育的提出，就是由于当时欧美国家的学者发觉学术研究的专业化使科学与人文知识、专业与其他学科被严重分离，希望通过通识教育培养学生对不同学科的认识，同时培养多种能力，实现培养完整的人的教育目的，美国教育家赫钦斯明确指出"没有通识教育，就没有大学"。到 20 世纪，通识课程已经广泛成为欧美大学的必修课。

美国的通识教育课程主要有如图 3-4 所示的几种不同模式，美国的通识教育为许多国家的人文素质教育改革提供了范例，被大多数人所认可并在许多大学推行。

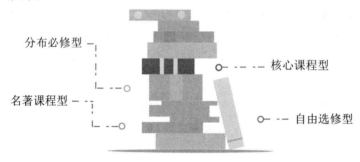

分布必修型 ⌐

核心课程型

名著课程型 ⌐

自由选修型

**图 3-4　美国通识教育课程模式**

分布必修型是较早出现也是应用较广的一种课程模式，对学生必修的学科领域与各领域内至少修习的课程数量做出规定，其指导思想就是广泛学习，旨在拓宽学生的知识面，向学生展示多学科领域的知识内容。分布必修的教学内容一般包括文学艺术、历史文化、自然科学与社会科学等领域的内容，针对学生主修专业不同，可以少修与主修专业相关的通识教育必修课程。这种课程设置的方法可以弥补学生专业学习的不足，开阔知识的视野，操作也比较简便，不过课程的专业性还是比较突出，教学效果与通识教育初衷并不完全吻合。

名著课程型的提出受到了永恒主义教育哲学观的影响，永恒主义教育哲学是针对实用主义哲学提出的，其观点为名著是历史上伟大人文对设计人类生活的最基本、最重要问题的讨论，具有永恒的价值，所以名著可以给予学生最好的教育。赫钦斯将名著视为人类的智慧宝藏与通识教育的不竭来源和

① "book-review" The Substance of Two Reports of the Faculty of Amherst College to the Board of Trustees, with the Doings of the Board Thereon[J]. The North American Review, 1829, 28（63）：294-311.

最佳内容 ①。

名著课程的教学形式为师生讨论为主，预先布置阅读材料，定时进行讨论，并且为使学生准确理解名著内涵，还会辅以语言、数学、实验、音乐等基本技能辅导课。名著课程的优点在于可以促使学生深入思考人与社会，养成成熟的价值态度，不过名著课程在当代学校的可行性较低，已经很少有学校实行这种通识教育的模式了。

核心课程受到要素主义、永恒主义与进步主义等多种思想的混合影响，重视学生对多种基础知识与能力的掌握，强调通识教育要给予学生一定的自主选择权。核心课程突破了传统的按照学科设置课程的模式，强调课程设置要有利于学生在有关方面的能力培养，而不是让学生掌握某一学科的系统知识，因此，核心课程具有较强的跨学科性，而且道德、文化、艺术等课程的地位十分突出。核心课程是今天美国通识教育课程中最具代表性的课程模式，其中哈佛大学的核心课程模式被认为是完美践行了通识教育理念的方式。

经过多次改革，哈佛大学现行的课程模式为：每年的通识课程为185门、8大模块，分别为34门"审美与诠释的理解"课程、38门"文化与信仰"的课程、9门"实证与数学推理"课程、20门"伦理推理"课程、12门"生命系统的科学"课程、17门"物理宇宙的科学"课程、34门"社会科学"课程、21门"世界中的美国"课程。哈佛大学的每一个本科毕业生，要至少完成32门课程的学习，其中至少有8门要在以上通识课程中进行选择，此外，还要至少选择一门写作课程与至少一门第二外语课程。不难看出，核心课程是践行通识教育理念的最佳方式之一，不过这种课程模式需要优秀的师资与巨大的资金投入，在一些小型院校较难开展。

自由选修型课程，指校方没有对通识教育计划做出特别规定，学生可以根据自己的兴趣自行制定适合自己的通识教育计划，强调以学生兴趣为中心，主张选修反对必修。不过自由选修方式的实行难度较大，不太容易产生全体学生的共同必修科目，不利于学校管理与教学质量，因此，这种课程模式风险较大，很少学校使用。

### （二）英国的自由教育

在英国，"通识教育"的说法比较少见，英国大学也较少开设专门的通

---

① 李成明.美国大学通识教育的历史发展 [J].东南大学学报（哲学社会科学版），2001，（02）：117-121.

识课程，但并不是说英国没有通识教育，对英国教育而言，通识教育是一种自由教育的理念，通识教育的理念融入整个大学教育过程中，这与美国的通识教育不同。

英国的大学教育注重西方的自由教育传统，长期以来，英国大学以培养举止优雅、精明强干、积极进取的绅士为目标，形成了典型的绅士文化。19世纪之后，英国进行了一系列教育改革，借鉴了许多其他国家的教育经验与教育理念，但是很大程度上仍然保留了传统自由教育的理念。20世纪，英国采取了将专业教育与通识教育相融合的方式，大学教育以培养完整的人为目标，既重视科技实用教育，也强调传统的文雅教育。

英国的大学教育是一种广泛意义上的通识教育，通识教育的精神贯穿于大学的课程目标、课程结构、课程内容与课程实施等多个方面，强调以专业教育的形式实现通识教育，确保学生拥有深厚广博的知识基础，加强文理科之间的沟通，避免专业化带来的弊端。此外，一些大学还采用了设置联合专业的方式，如双科专业、三科专业与主辅修专业等，以解决不同学科与专业之间存在的隔阂问题。

以剑桥大学为例，剑桥大学深受自由教育思想的影响，在800多年的发展中，剑桥大学一直坚持自由教育传统，逐渐形成了"自由思考与表达"的核心价值观。在建校初期，主要学习内容为"三艺""四科"与拉丁文；文艺复兴之后，开始开设化学、代数、几何等学科课程，注重传授百科全书式的知识；19世纪50年代之后，经过教育改革进一步推动了自然学科的建设，逐渐形成现代大学课程体系；第二次世界大战之后，剑桥大学继续加强自然科学建设，同时丝毫不放松对人文学科的重视。

曾任剑桥大学校长的亚力克·布罗厄斯曾说，剑桥在艺术和人文方面的成就丝毫不亚于科技方面的成就[1]。剑桥大学的校训"Hinc lucem et pocula sacra（此地乃启蒙之所和智慧之源）"就可以充分说明，该校致力于塑造学生心智、培养学生智慧与传授知识。

目前剑桥大学的学科模式文理并重、实用学科与古典学科相结合，人文学科践行通识教育在剑桥大学的学科发展与教育改革中发挥重要作用。在通识教育理念的指导下，剑桥大学的课程分为公共必修课与选修课两大类，既为学生传授普遍的科学与人文知识，又赋予学生选择兴趣课程的自主权。公共必修课程包括自然学科与人文学科，如数学、外语、物理学、社会学、化

---

[1] 隋晓荻. 中西通识教育的思想与实践 [M]. 广州：世界图书广东出版公司，2014：119.

学、生物学等，课程内容广泛，为学生奠定扎实的知识基础与宽广的知识领域，进入大三年级，学生就可以根据自己的兴趣与优势选择相应专业继续深造学习。自由选课的方式极大调动了学生学习的积极性，丰富了教学内容。

此外，英国大学多推行学院制与导师制，学院是相对独立的组织，实行自我管理，而且对导师的要求非常高，只有德才兼备者才有资格担任导师，导师不仅要自己有深厚的学术修养、品行端正，还要善于激发学生的求知欲望。新生入学后，学院就会为其安排导师，导师与学生采取师生互动的方式进行交流，教学方式灵活且人性化，导师十分注重挖掘学生潜能，鼓励学生进行质疑与探索，帮助学生养成思考与创新能力。同时，在导师的带领与熏陶下，学生的品行也会得到锻炼。考虑到导师的专业局限性，学院也会鼓励学生去参加整个大学的各种学术讲座以拓宽知识领域。学院制与导师制对发展学生智力、塑造学生品德、培养学生能力起到了重要的作用，同时也是通识教育的一种体现。

## 二、亚洲国家的人文教育

### （一）日本的人格教育

日本与中国在人种、传统、文化、道德等方面有很多相似之处，日本"教育优先"的强国战略对我国的教育也有一定借鉴意义。第二次世界大战后，日本的高等教育规模有了很大的发展，1950 年就形成了 350 所大学 24 万师生的规模，为现代日本的高等教育奠定了基础。日本大学普遍注重教学质量，尤其强调人文素质教育，日本的人文素质教育可以理解为一种人格教育，主要体现在心的教育、个性教育与体验教育这三方面。

#### 1. 心的教育

日本的教育十分强调学生综合素质的发展，特别重视人格教育，早在 1947 年的《教育基本法》中，日本政府就确定了教育目标为"教育必须以陶冶人格为目标，培养出和平国家和社会的建设者，爱好真理和正义，尊重个人的价值，充满独立自主精神的身心健康的国民"[①]，可见日本提倡的是以全面提高国民人格素质为培养目标的教育理念。

20 世纪 80 年代，日本提出了面向 21 世纪的教育目标，明确指出未来

---

① 瞿葆至. 教育学文集·日本教育改革 [M]. 北京：人民教育出版社，1991：51.

的人才应该具有以下特性：①宽广的胸怀、健康的体魄、丰富的创造力三者均衡发展；②具有自由、自律和为公共利益服务的精神；③面向世界；④要有全人类全世界的视野，为国际社会做出贡献。显然，日本在强调综合素质的同时，还突出符合时代要求的特点。

2. 个性教育

日本在教育改革过程中，根据本国的实际情况与问题，强调了教育要尊重个性、发展个性与实行个性教育的原则，注重个人能力的发展，并根据个人能力与个性给予不同的教育。这种个性并不是无组织无纪律，而是在明确责任的前提下，扩大学生学习选择的自由，个性教育一方面要求每个人都要有独立思考的能力，另一方面也涵盖了对家庭、学校、地区、企业等组织范围的个性，要求各组织要能够灵活发挥，突出自己的个性优势。

日本的个性教育是一种辩证的、促进人格完善、培养健全个性为目的的教育，主要具有如图 3-5 所示的几个特点。

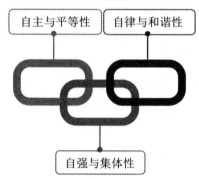

图 3-5　个性教育特点

首先，个性教育具有自主与平等性的特点。在日本，家庭、学校、社会会将个性视为一个人的普通属性，强调人人平等，不提倡模范、典型、榜样等，平等地看待每一个人，尊重每个个体，引导个体自然、健康成长。培育个性的成长和发展，使个体融入共性，达到和谐的共性养育。

其次，个性教育具有自强与集体性的特点。个性教育的目的是使个体自然产生反思与调节，使个体由衷感受到，个性只有融入集体规则之中才能实现个体的价值与意义，在日本，人们的团队意识、服从意识、规则意识是十分明显的，但是这种集体意识是建立在尊重个性的基础之上的，是不同的个性形成的团结有活力的集体性。

最后，个性教育具有自律与和谐性的特点。日本学校注重对学生自律的强调，这种自律表现在生活与学习的各个方面，如教育学生不给他人添麻烦、不给环境添压力等，形成社会友好、环境友好的习惯。这样虽然看起来小心翼翼，但是也保护了每个个体的正常成长与健康持续发展。

**3. 体验教育**

日本的体验教育是素质教育的有效践行方式，包括如下内容。

第一，要求学生承担家务劳动、社会公益劳动或简单的生产劳动，并将这些服务活动纳入学习指导纲领中。

第二，加强学校与社区的合作，组织学生在社区开展继承传统、了解社会等活动，从中认识劳动的重要性与个人的职业愿望。此外，大学、博物馆、艺术馆等场所经常举办面向中小学生的活动，注重全体国民的人文素质发展。

第三，进行耐苦性的生活体验，日本大学每年有 7 ～ 10 天的耐苦性生活体验，组织学生到生活条件差的地区进行劳动锻炼，接受劳动教育与集体主义、自然主义的教育。

第四，在"自然教室"上课，组织学生在大自然中过有规律的集体住宿生活，获得一般学校中无法得到的体验，同时通过劳动、观察、交际等活动，加深学生对自然、对他人的理解，还可以培养独立生活的能力与正确的生活态度。

### （二）新加坡的道德教育

新加坡在独立之后的数十年时间中，迅速发展成为政治稳定、经济发达的现代化国家，并且有着良好的社会秩序与较高的社会道德水平，很重要的原因之一就是新加坡十分重视人文素质教育，特别是道德教育，新加坡的道德教育主要有如图 3-6 所示的几条举措。

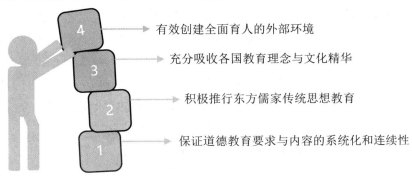

图 3-6　新加坡道德教育的施行

第一，新加坡主张道德教育的要求与内容的系统化与连续性。新加坡在立国之初，大力发展经济，试图以经济带动文化和教育发展，但是随着西方科技的引进，西方的价值观念与生活方式也随之而来，冲击了国民的思想观念，于是，新加坡政府意识到，西方的一些落后腐朽的价值观会影响新兴国家的经济与文明建设，因此格外重视加强道德教育，并将学校作为道德教育的主要阵地。

新加坡政府确定了详细的思想政治教育体系，针对学生的身心发展规律与认知特点，课程由浅入深循序渐进，从小学到大学互相衔接，大学德育是中小学德育的延续和提升。高等教育旨在塑造有专门知识、心智发达、人格健康的新加坡公民，这位新加坡的大学教育指明了方向，也提出了要求。如新加坡国立大学积极引导学生开展各种道德实践活动，学生在活动中感受学校对学生个体的重视与尊重，从而培养出责任感与参与精神，这样培养出的学生具备强烈的集体意识，可以明确意识到自己是国家的一份子，对祖国产生强烈认同感与归属感。

第二，新加坡积极推行儒家传统人文思想教育。20世纪80年代，传统的东方道德思想遭受冷落，但是新加坡政府认为，东方经典对于社会价值导向与教育导向具有重要作用。于是，经过选择和改造的儒家文化被赋予现代意义，在学校教育中引入现代新儒学，以"在道德和精神上教育新加坡青年，以免他们走上颓废和物质主义的道路"[1]。在政府支持下，新加坡的学校都开设了儒家思想课，培养学生的伦理价值观念，使其成为有理想有道德的人；引导学生认识华族的传统道德与文化，认识自己的根源；引导学生树立积极的人生观等，这些都为塑造新加坡民族精神提供了新的价值取向与伦理标准。

第三，新加坡充分学习了各国的教育理念与优秀文化，立足本国国情，对东西方文化进行辩证吸收。李光耀先生曾多次强调"东方和西方的精华必须有机融合在新加坡人身上，儒家的伦理观念、马来人的传统、印度人的精神气质，必须同西方追根问底的科学调查方法和客观寻求真理的推理方法结合在一起"。新加坡大学的人文素质教育也体现出东西方文化融合的特性，新加坡的教学结构以东方价值观念为内容，以西方教育原理与教学方法为形式，形成一套适合新加坡发展需要的人文素质教育方法。

第四，新加坡有效创建了全面育人的外部环境。在智育的同时，积极

①罗洛.中国百科年鉴1988[M].北京：中国大百科全书出版社，1988：391.

开展多种形式的课外活动，加强学生非智力因素的培养，并将教育活动延伸到校外生活中，拓展到家庭和生活的各个层面，形成人文素质教育的有机整体。如新加坡国立大学支持大学生参与指导中小学生，帮助有不良倾向的少年回归正途，并且鼓励大学生参加海外地区服务活动，帮助当地民众解决教育、医疗、技术等难题。新加坡将家庭、学校、社会都构建成人文教育的"课堂"，提供了良好的育人条件，有效促进了学生的健康成长。

## 三、国外大学人文教育借鉴

现代大学应该具有如图 3-7 所示的功能。

图 3-7　大学功能

大学首先应该是培养人才的地方，没有人才，科学、社会、文化的发展都无从谈起，而培养人才不应该只注重其专业研究，更要注重人才的整体素质发展，特别是人文素质的提升，才是人才养成与长远发展的必要条件。

虽然一些国家没有人文素质教育的说法，但是各国都充分认可人文素质教育在高校教育中的重要作用。通过对其他国家人文教育的研究，可以总结出一些可供我国高校借鉴的地方。

### （一）尊重学生自由独立之人格

尊重学生自由独立之人格，落实到具体的教育上，就是要坚持以学生为主体，充分发挥学生的主观能动性，让人文素质教育的过程成为学生自主学习、创造性学习的过程。"发出自己的声音"是很多国外大学非常注重的教学环节，教育者对学生的想法很有兴趣，因此十分鼓励学生说出自己的结论或推断，这种鼓励发声的教育对学生发现问题、解决问题能力的提升有很大帮助，同时可以培养学生的乐观自信品质与敢于批判质疑的精神。

我国的教育重视共同价值观念与集体意识的宣传培养，对于个体的意识品质与独立自由有所忽略，而人格的独立与尊重是一个人能否健康成长的重要前提。在统一教材、统一教学、统一准则的限制下，学生的爱好与想象力受到限制，学习积极性多是外在驱动而非内在自发，较少学生会有质疑与批判的精神，这些从长远来看都是非常不利于学生的发展的。人文素质教育最首要的就是要赋予学生人格独立与精神自由，使人得到全面的解放与发展。

### （二）充实完善学生的知识结构

在大学本科阶段，应该培养通才还是专才的争论一直都有，目前看来，通才的主张逐渐占据上风，不过通识教育也未完全取代专业教育在高校的地位，现在越来越多大学开始意识到人文素质教育的重要性，逐渐增加其在大学教育中的比重。近年来，各国普遍提倡加强人文与科学急促，专业口径越来越宽，学生跨专业、双专业等学习日益增多，通才与专才的界限变得模糊起来。

需要指出的是，"通识"不等于"通通都识"，在通识教育实施过程中存在这样的问题：开设多种多样的课程，但是每一门都浅尝辄止，这种做法无疑降低甚至扭曲了通识教育的价值。通识教育强调的是学生应该得到基本知识与基本技能的教育，这里的"基本"是高校毕业生要掌握的最起码的素质，而不是各种细枝末节；通识教育强调培养学生对知识的普遍理解与贯通能力的培养以及对学生潜力的挖掘。

我国高校也要借鉴国外大学在通识教育方面的先进经验，比如调整基础课程设置，增加学科门类，拓宽学生的知识面和思路，鼓励学生跨专业学习；还可以改变考核评价方法，以扭转学生为考试而学习的倾向；此外，要开展课堂讨论等互动性活动，培养学生的表达能力与思考能力。国内不少高校已经采取了很多有利措施，致力于全面提高学生的综合素质。

### （三）注重培养创新精神与实践能力

创新精神与实践能力不足是我国高校学生的"通病"，也是大学素质教育的重要工作内容。比如日本对创新能力的培养重在营造一个大的教育环境，重视家庭、社区、学校"三位一体"的教育体系构建，同时注重培养学生树立终身学习的理念，推动全社会的好学风气，此外，日本还开展"体验学习"与"学社融合计划"，培养学生将理论与实践结合的意识和能力。

日本与欧美国家在培养学生创新精神与实践能力上的做法值得我们学习，比如可以将课堂改造为开放性课堂，鼓励学生自己进行实地调研与资料搜集，向其他同学与教师展示自己的成果。另外，还应该充分利用现有的各种教育基地，安排学生进行多种社会实践活动。通过这些举措，使学生在实践中学会思考与创新，培养实事求是的科学精神与服务社会的人文素质。

### （四）加强传统文化的学习

我国有着灿烂的传统文化，值得每一代人学习、珍惜，但是由于科学主义的影响，我国内地大学的人文教育变得边缘化，导致很多大学生的古典文化功底较弱，甚至不如港台、新加坡等地的大学生。我国古代的很多优秀文化至今都深刻影响着人们的道德观念，激发着整个民族的自豪感和认同感，应该对传统的仁义礼智信赋予时代意义，引导大学生树立正确的价值观、培养良好的精神道德，大力弘扬自强不息、和而不同、心怀天下等良好品德与风气。在新时代，大学人文素质教育更应该体现教育的民族文化性，加强对我国民族文化的传承与延续，使大学生具备文化认同感与民族归属感。

高等教育国际化与高等教育民族化是互相依存、互相支持、互相补充的，高等教育国际化是高等教育民族化概念产生和发展的前提，高等教育民族化是高等教育国家化存在和发展的必要条件。任何外来的教育理论或教育模式，只有经过本土教育机制的吸收和整合，才能解决这个国家和民族的实际教育问题。因此，高等教育既要面向国际，更要注重民族文化的价值，坚定民族文化的自信，全面建设现代化中国高等教育体系。

### （五）培养学生的国际视野与国际交往能力

全球知识经济的发展对国际性人才的需求明显增长，各国都十分重视国际人才的培养，拥有了具有国际视野与国际交往能力的高质量人才，才能在全球知识经济中占据较大份额。因此，我国大学也要注重国际化人才的培养，积极推进国家之间的交流合作，培养国际化人才，高校可以从如图 3-8 所示的几个方面入手。

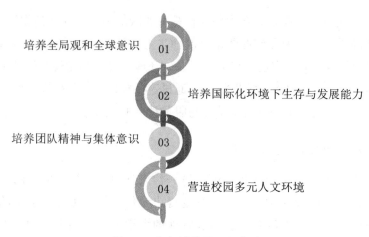

培养全局观和全球意识　01

02　培养国际化环境下生存与发展能力

培养团队精神与集体意识　03

04　营造校园多元人文环境

**图 3-8　如何培养国际化人才**

第一，要注重学生全局观与全球意识的培养，先进的通信科技与大众传媒手段将人类的社会活动紧密联系在一起，但是金融危机、环境污染、自然灾害等问题也趋于全球化，只有培养拥有全球能力与国际化视野的人才，才能持续发挥我国在各项国际事务中的积极作用。

第二，要注重培养学生在国际化环境下生存与发展的能力，学生要熟练掌握 1 ～ 2 门外语，了解外国的历史、政治、风土人情等，并确立终身学习的意识与能力。如韩国、日本就先后推出了教育国际化的理念并开设相关课程，强化学生对国际问题的认识与研究。

第三，注重培养学生的团队精神，美国大学的课程教学模式多基于分组学习，小组任务只有靠成员之间的密切配合与分工合作才能完成，并且在课堂上注重与其他小组的互相评价与讨论，这样学生的沟通合作能力可以得到一定提升。

第四，学校要注重多元人文校园的建设，要积极开拓留学生市场，同时积极外派留学生，扩大对外交流，在校园内形成多元文化，帮助学生开拓视野、锻炼思维，并且无形中教导学生要懂得尊重不同文化，增强彼此的理解与沟通，具有跨文化交往经历的学生会更具备公民意识，也更乐于服务社会。

**（六）提高教师的人文素质与教育能力**

教师在人文素质教育中的重要性不言而喻，世界一流大学对教师本身的人文素质与教育能力十分看重，学生精神世界的构建与教师有很大关系，教师不仅承担教书的责任，还有育人的义务，学生的智力培养与人格形成，要靠教育者的思想道德、学识涵养来发挥作用，因此，每位大学教师都要对学生进行人文素质的熏陶与引导，这对教师的素质也提出了较高要求。提高大学教师的人文素质与教育能力，可以从以下几个方面入手。

第一，要搭建好科学技术教育、人文素质教育、专业知识教育的师资队伍结构，对教师进行人文素质教育的教育，使教师明白人文素质教育的意义与自己的责任，明确自己所授课程在学生的人文素质结构中的地位与作用。

第二，加强对教师的继续教育，通过组织培训与自我提升，不断提高教师的人文素养与教育水平。教师要有广泛的知识面，比如理工科教师要多学习文科知识，文科教师也要多接触理工类知识。同时，教师要不断钻研自己的专业学科，对学术前沿动态有所了解，并积极学习本学科先进的教学理念与教学技能，教师只有不断精益求精，才能深入浅出地教导学生。

第三，要为教师营造宽松自由的人文环境，为人文素质教育提供一些支持。很多高校对教师的考核以教学与科研工作为主，而且随着竞争加剧，很多教师疲于各种繁杂工作，过于重视科研结果而忽视人文教育，这就导致教师既没有过多精力提升自己的人文素质，更无暇钻研如何在专业教学中融合人文素质教育。

除这些之外，还应该构建合理、科学、全面的人文素质教育体系，在学校与社会都形成良好的环境氛围，为人文素质教育的有效展开提供有力保障。同时，要将人文素质教育纳入教学管理与学校评价中，为人文素质教育的切实开展保驾护航。

总之，人文素质教育不是一所学校、几位教师的职责，而是全社会所有人的义务，提高人文素质也并非学生这一单一角色的任务，而是每个公民的责任，只有每个人都拥有较高的人文素质，才能构建良好的人文环境，推动社会主义精神文明的持续发展。


# 第四节　人文素质教育问题解决之道

通过对目前我国人文素质教育现状的分析与国外人文素质教育经验的研究，结合我国高校具体实际，可以探索出一条属于中国高校的人文素质教育之路。通过人文素质教育，大学生可以学习各种文化知识，也可以得到道德素质培养，促进自身综合素质的全面发展，为社会发展提供多元化的人才力量与人才基础。

人文素质教育可以从教育理念、课程体系、实践活动这几个方面进行，解决人文素质教育现状中的一些问题，促进学生综合发展，使大学引导全社会的人文环境构建。

## 一、更新教育理念

人文素质教育的推行，最首要的任务就是要更新教育理念，否则素质教育就只能是一句空话，只有破除陈旧的落后的教育理念，才能真正实施全面人文素质教育。教育理念的更新转变需要政府的引导，也需要教育理论界的呼吁。目前，人文素质教育在教育理论界有一些呼声，但是并未达到深入人心的普遍程度，很多人并不理解人文素质教育的内涵与意义，这就需要进行更进一步的系统、具体的研究讨论。

首先，政府教育部门要承担引导教育理念转变的重任，通过媒体宣传等形式进行正确的人文教育引导，如我国的社会主义核心价值观等就是对全社会进行正确的人文素质导向，将人文教育带到生活与学习的各个方面。社会环境对人文素质的培养具有潜移默化的作用，全社会都要形成良好的人文风气，将素质教育融入生活的每时每刻。

其次，家庭环境对一个人的成长至关重要，在良好的家庭环境中长大的孩子往往具有更坚强的心理素质与更能友爱他人的品质。父母是孩子的第一任老师，父母的生活习惯、处世态度、学识修养等都会对孩子产生耳濡目染的影响，因此家庭教育在人文素质教育中的作用不可小觑。家长要想培养自己孩子的综合素质，就要从自身做起，从小事做起，尊重孩子的人格，提供健康的成长环境，这些都有助于孩子在进入学校与社会之后，能够与他人建立团结友爱的和谐人际关系，并且养成坚韧的性格与美好的品质。

最后，大学教育理念的转变是教育理念转变的最重要部分，大学是贯彻落实人文素质教育的主要阵地，青年学生既是需要接受新的教育理念的人群，又是人文素质教育的直接受益者，因此，高等学校要进行全面的教育改革，在课程体系与评价体系、校园建设等方面突出人文素质教育的重要地位。大学的人文素质教育一定不是灌输理论知识，而是坚持以人为本的教育理念，指导学生做到学以致用，不断提升自我修养，从而形成健全人格，认识到人文素质教育的重要性并真正理解人文素养对自己发展的帮助。

## 二、改革课程体系

人文素质教育要贯彻到教育的每个环节、全部过程中，在现代大学生的成长过程中，高等教育对学生人文素质的培养也不应只局限于课堂之上，还要渗透到学习与生活的方方面面，多种形式的"第二课堂"要逐步纳入整个教育体系中，改革目前教育的课程体系。

首先，要加强课程建设。课程的结构决定了学生的素质结构，课程教学是人才培养的最基本途径，也是加强人文素质教育的重点。积极推进课程体系改革，使所有专业都具备相应的人文向度，在学科结构与学生知识结构上，重视文理学科的综合，有目的地建立利于学生人文素质提升的课程体系。

第一，适当减少不必要的必修课，增设人文社科类选修课，并提高这类课程的学分比重；还可以设置文理相融的新型课程与学科，将跨学科的教学模式应用于整个高等教育体系中。

第二，设置面向全体学生的、反映各学科最新发展的短期课程，使学生对所学专业或感兴趣领域有新的认识，开阔学生的知识面与学术视野。

第三，开设适合大学生身心特点的人文素质教育特色课程，鼓励学生自我提升，将人文教育与专业教育相结合，使学生成长为专业素质过硬、人文素质较高的人才。

第四，高校的人文素质教育可以通过教育讲座进行普及。人文素质教育讲座不仅具有学术功能，还具有人文教育功能，通过人文精神与科技、民族传统与西方文化、大学生活与社会生活、知识基础与专业体系的对话，培育学生的人文底蕴与专业素质。开设这类讲座要突出文史哲艺等人文主题，讲座可以是高雅的，也可以是通俗的，可以是围绕传统的，也可以是围绕热点的，总之，人文教育讲座要努力做到雅俗共赏。各院校要积极发挥自己的学科优势与师资优势，借由高校平台为学生创设良好的接受人文素质教育的条件，引导学生热爱科学、追求真理、陶冶情操、提升自我。

第五，课程体系的改革要充分发挥"两课"的主阵地作用。"两课"指马克思主义理论课与思想品德课，这类课程是大学生的必修课，也是目前很多高校人文素质教育的主阵地，对培养学生的社会主义精神、爱国精神、奉献精神、法律意识、道德意识等都有重要的作用。

因此，要借势而为，充分发挥"两课"在人文素质教育中的作用，一方面在"两课"教学中继续增加与人文素质有关的教学内容，使师生认识人文素质是当代社会发展的必然要求，是加强思想道德建设的有效措施；另一方面，要将人文精神渗透到"两课"教学中，帮助青年学生树立远大理想，树立正确直接关、人生观与价值观，增强建设中国特色社会主义的信心与责任感。

### 三、丰富实践活动

实践是检验真理的唯一标准，也是人获得正确认识的重要途径。高校学生的实践活动可以有计划、有目的、有组织地引导大学生通过实践接触社会、认识社会、接受教育、丰富知识、提高能力与服务意识。各种形式的实践活动具有特殊的素质教育功能，越来越受到人们的关注和重视。

一方面，学校内部可以开展多种实践活动。我国大学中都设有各种学生社团，不过多是基于兴趣组成，如果学校可以进一步加强社团管理，并挖掘社团的育人功能，可以很好地践行人文素质教育理念。我国的学生社团类型多、规模大，已经逐渐发展为第二课堂的主要园地，成为发展学生兴趣爱好的主要课外活动形式，对学生的综合发展有着积极的作用。同时，学生社团的发展也会带来诸如管理不当、有名无实等问题，因此，院校要对社团进行科学管理与引导，比如定期开展社团之间的交流合作、协作活动、竞争评比等活动，更好地发挥社团在人文素质教育中的作用。

另一方面，社会实践是高等教育中的很重要环节，是培养社会主义事业建设者与接班人的重要途径。社会实践的目的在于让学生深入社会、接触实际，了解国情、接受教育、增长见识、提升能力，因此社会实践活动的内容与形式都要满足对学生进行社会教育的要求。社会实践活动可以分为两种：一种是纳入教学体系的，包括专业见习与实习、毕业设计、军事训练等，有的院校还有农训与工训实践课程；另一种是利用节假日等课余时间进行的社会实践活动，如社会调研活动、社区援助活动、三下乡活动、科技创新活动等。

不论哪种实践活动，对学生综合素质的提升都是十分有益的，所以，学校要鼓励学生走出校门，走向社会，促进教育与生产劳动、社会实践的紧密结合，将所学知识转化为做人的基本品质和态度。通过社会实践，学生不仅可以了解社会对个体素质的要求，发现自己的优势与不足，从而有针对性地提高个人素质，使自己的爱国主义与集体主义精神在丰富多彩的社会实践中得到升华。

总之，加强大学生的人文素质教育已经成为全社会的共识，这是当代社会发展对人才培养提出的要求，也是现代高等教育发展的必然趋势，建设完善的人文素质教育体系，要从理论出发，在实践中践行人文教育理念，人文素质教育之路任重道远。

在人文素质教育体系中，大学语文学科充当着具有独特作用的角色，语文是从小到大就学习的一门课程，其中的文章诗词等都蕴含着丰富的情感或哲理。到了大学，语文依然是我们进行其他学科学习的重要工具，更是提升自我人文素质的重要途径。

# 第四章 大学语文与人文素质教育的关系

# 第一节 大学语文教育概述

20 世纪 90 年代，中共中央国务院做出全面推进素质教育的决策，提出提高大学生人文素质的要求；1996 年，教育部高教司将大学语文课定位为素质教育课程，规定大学语文课是面向普通高校各专业的一门公共必修的素质教育课程；2006 年，《国家"十一五"时期文化发展规划纲》进一步敦促高校创造条件，面向全体大学生开设中国语文课①。大学语文目前已经成为很多高校各专业学生的必修课，通过大学语文学习，学生可以储备丰富的人文知识、提升自己的人文素养。

## 一、大学语文发展历程

我国的语文学习古已有之，不过古代的语文教学往往与历史、政治、哲学、经济教育融合在一起，教学过程一般是先识字后读书，如"三、百、千"即《三字经》《百家姓》《千字文》的作用就是集中识字，儒家的四书五经是古代语文教学的经典教材。

到近代，教育体制与教育思想迎来了变革，1903 年颁布的《奏定学堂章程》实行分科教学，语文成为正式独立学科，不过当时被叫作词章、字课、作文、中国文学、中国文字等，之后逐步定名为"国文"，1949 年更名"语文"。

大学语文的发展历程复杂曲折，到今天也面临新的挑战，近代以来大学语文的发展可以大致划分为如图 4-1 所示的几个时期。

---

① 高惠宁，田旭红，赵月霞，等 . 论高校大学语文教学与人文素质培养 [J]. 高教学刊，2022，（04）：76-79.

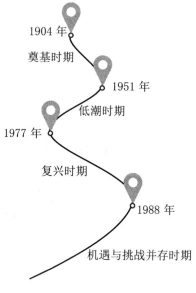

图 4-1　近代大学语文发展阶段

## （一）奠基时期（1904—1951 年）

我国大学语文的萌芽可以追溯到 1904 年，大学设立预科，开设"中国文学"课程，这一时期的语文教育突出语文的应用工具性。1929 年，民国政府教育部颁布《大学规程》，规定国文课是大学一年级的必修科目，至今台湾地区依然在使用"大一国文"的叫法。可以说，大学语文课是与中国现代高等教育的发展同步进行的。

20 世纪上半叶，新文化运动冲击了古汉语教学，一些学者提出中国的现代化不能抛弃自己的传统文化，因此年轻人喜好白话文的同时，必须加强对文言文的学习，因此北京大学规定在预科开设国文课程。到了 40 年代，全国大学都在大一年级开设国文课，因此称"大一国文"，这门课程的教学目的是使学生掌握必要的语文知识并培养较高水平的写作能力。当时讲授国文课的老师有朱自清、杨树达、冰心、闻一多、启功、周祖谟等知名学者，这无疑引起了所有大学师生对国文课的重视。

在 1950 年前后，"大一国文"又被改为"现代文选及习作"，作为一门公共人文基础学科，是非中文专业的大学生在大一的必修科目。不过当时的教材、课程安排等尚不统一，教学内容一般由教师自选，编写成讲义发放给学生。无论是讲授白话文还是文言文，都着眼于"语言文字"上。这便是"大学语文"的前身。

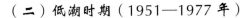

（二）低潮时期（1951—1977 年）

1949 年之后，从中学到大学，"国文"都被改成"语文"，有了"大学语文"之名。这一阶段的语文教育强调语文学科的思想性与思想教育功能。

1952 年，受到苏联模式影响，国家提出"以培养工业建设人才和师资为重点，发展专门学校，整顿和加强综合性大学"的方针，将高等学校的院系进行调整，区分文科、理科、工科等，一些综合性大学也被拆散。大学语文这门课在理、工、法、商、农、医等单科院校中不再开设，甚至很多文理综合院校中也没有了大学语文课程。

这一时期大学语文教育的突然中断，使高校的文化素质教育与专业知识教育严重割裂，人文教育的缺失严重违背了教育规律，也带来了不良影响。

（三）复兴时期（1977—1988 年）

20 世纪 70 年代恢复高考制度，但是当时有明显的"重理轻文"的倾向，苏步青等老一辈科学家提出要给理工科学生补一补语文课，呼吁重新开设大学语文课。1978 年，南京大学率先恢复开设大学语文，此举得到数十所大学的相应。后经教育部批准，中断了近 30 年的大学语文得以重新开设，开始了大学语文的复兴之路。

这一时期的语文教育目的在于提高理工科学生的阅读理解与语言表达能力，突出其工具性，在当时起到了及时的"反拨"作用。随着对西方教育经验的学习，大学语文非常符合当时由知识传授向能力培养、强调智能教育与博才教育的教育改革趋势，受到广泛重视，为之后的繁荣发展奠定了基础。

1980 年，20 所高校参加了大学语文教学讨论会，会议一致认为中国语文课应列为大学一年级的必修课，并对大学语文的教学目的、教学要求、教学大纲、教材篇目进行了深入讨论。会议还决定成立"大学语文教学研究会"，这一全国性学会的创立，拉开了高校大学语文教育的新帷幕，直至今日，该研究会依然是高校语文教师交流学习的重要平台。

（四）机遇与挑战并存时期（1988 年至今）

随着中国改革的进一步深化与社会转型的加剧，青年学生开始出现突出的文化素质问题。1999 年，"开展素质教育"的号召问世，大学语文作为文化素质教育的重要学科，其作用日益受到重视。同时，很多学者将目光再一次聚焦到大学语文教育上，温儒敏、钱理群、王蒙、刘心武、施蛰存等人从理论与实践上进一步推动了大学语文教育的发展。

21 世纪以来，在经济全球化与互联网浪潮的冲击下，大学语文又面临随时被其他新兴学科代替的风险，大学语文逐渐被边缘化甚至很多高校又取消了大学语文课程，2006 年全国普通高等学校中，只有三分之一的学校开设了大学语文课。

2014 年，教育部印发的《完善中华优秀传统文化教育指导纲要》中要求，大学阶段要深入学习中国古代思想文化的重要点击，理解中华优秀传统文化的精髓。2015 年，《国务院办公厅关于全面加强和改进学校美育工作的意见》中指出，强化学生的文化主体意识与文化创新意识，充分发挥语文、历史等人学科的美育功能。2019 年，习近平强调要挖掘其他课程和教学方式中蕴含的思想政治教育资源，实现全员全程全方位育人。同年教育部又提出将中华优秀传统文化教育作为学校美育培根铸魂的基础。

无论是对传统文化的重视，还是对美育的强调与对思政教育的加强，都可以称为大学语文在今天发展的重要契机。大学语文不仅可以传承、学习中西方的文化，还是人文素质教育的重要途径。

## 二、现代大学语文教育目标

教育部高教司在《大学语文教学大纲》中指出：在全日制高校设置大学语文课程，其根本目的在于充分发挥语文学科的人文性和基础性特点，适应当代人文科学与自然科学日益交叉渗透的发展趋势，为我国的社会主义现代化建设培养具有全面素质的高质量人才[①]。

2018 年 9 月，教育部国家语委在《中华经典诵读工程实施方案》中指出，支持高校面向全体学生开设大学语文、中华优秀传统文化等必修和选修课程。同时提出，到 2025 年，使社会大众尤其是青少年更加热爱中华经典，语文素养和语言文字应用能力显著提升，具有较强的国家通用语言文字规范意识和自觉传承弘扬中华优秀传统文化的意识，普遍具有高度的语言自信和文化自信，国家通用语言文字普及率进一步提升。

以上是对语文教育目标的宏观阐述，具体来说，现代大学语文的教育教学目标主要有如图 4-2 所示中的几点。

---

① 高惠宁，田旭红，赵月霞，等 . 论高校大学语文教学与人文素质培养 [J]. 高教学刊，2022（04）：76-79.

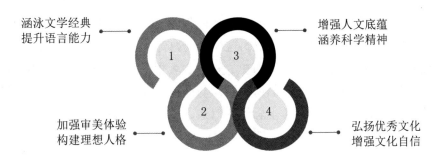

图 4-2 现代大学语文教育目标

## （一）涵泳文学经典，提升语言能力

语言能力是现代人才必备的基本能力之一，不仅涵盖了人内在的语言能力与外在的语言知识，还涵盖了世纪的、动态的语言运用与人际交流能力。今天大学生语言能力普遍不足，如叙事说理不得要领、语言错误频出等，一方面是语文基础不扎实，不重视语言表达能力的培养，另一方面是受到网络用语影响，导致用语不规范。语文教育的重要任务之一就是培养学生准确运用母语的能力，培养学生良好语感。

高品位的语感能使言语主体一听就清，一读就懂，一说就通，一写就顺，而且听得真，懂得深，说得好，写得美[①]。良好语感的养成很大程度上依赖对古往今来优秀文章的体会，"涵泳"就是指沉潜于作品之中，边读边思考，达到对作品的全面理解。

无论诗词歌赋，还是散文、小说，只要能够静心涵泳其中，细细品读，揣摩作者的文思脉络和语言的神韵义理，分析其创作手法与意境，日积月累，自然可以形成高品位的语感，对语言能力的提升大有裨益。

## （二）加强审美体验，构建理想人格

审美体验是审美主体的一种心灵体验，是富于情感的精神活动，在审美过程中，学生与作者产生情感共鸣，在享受审美愉悦的同时，生成属于自己的深刻的情感烙印。

大学语文的教学内容以古今中外的经典篇章为主，通过教师讲解与学生自己感受，可以将无生命的文字变为内心鲜活的形象，这个过程就是学生进行审美体验的过程。比如中国古代有很多写景的诗篇，这些山川草木、风

---

① 王尚文.人文·语感·对话 [M].上海：上海教育出版社，2009：44.

花雪月经过作者的描写，再经过教学情境的创设，将学生引入生动的画面之中，使学生跟随作者一起由景生情，这样语文教育就达到了美育的效果。

此外，很多文人会将自己对历史、社会、人生的思考寄于文章之中，这样的文章可以使学生感受先贤的博大胸襟与高尚节操。这种审美体验，已经超出了对美的感知，更能给学生思想的启迪，使他们不仅能够感受文字的魅力，更能促进美好情感的生成与理想人格的构建。

### （三）增强人文底蕴，涵养科学精神

人类社会的发展既需要科学技术的进步，又需要人文素养的支撑，二者共同发展，才能促进整个社会的健康发展与个人的精神完善。人文底蕴是现代文明人的基本标识，科学精神是现代人的基本品格[①]。语文课程是人文知识的重要来源，也是人文精神与科学精神的重要来源。

语文是人类传递事、理、情的载体，无数佳作记录了社会生活的方方面面，蕴含了人类的种种情感，通过对这些作品的学习，不仅可以丰富学生的语言知识，还能增进其对政治知识、历史知识、哲学知识、道德知识等的理解。长此以往，学生会对人的命运、尊严、价值等产生不自觉的关注，逐渐懂得追问个体生命的意义，追求自我价值的实现，从而形成以人为本的意识，自觉维护和践行社会主义核心价值观。

大学语文的学习还有利于学生培养独立思考的品质，激发他们的想象力和创造力，从而涵养其科学精神。科学家对自然的理性、客观的探索背后，始终隐藏认识主体的自由创造的精神。同时，科学研究也需要想象、直觉、感受等"人文方法"，科学的求真求实的态度也无法摆脱向美臻善的思想的影响。

### （四）弘扬优秀文化，增强文化自信

习近平在十九大报告中指出，"文化是一个国家、一个民族的灵魂。文化兴国运兴，文化强民族强。没有高度的文化自信，没有文化的繁荣兴盛，就没有中华民族伟大复兴。"语文是学习中国文化的重要途径，使学生在学习语文过程中，感受汉语语言文字的魅力与中国文化的博大精深，提高文化自信水平。

大学语文教材中的文本，不仅有丰富的文化知识，也深深渗透着民族个

---

① 刘庆昌.人文底蕴与科学精神——基于《中国学生发展核心素养》的思考[J].教育发展研究，2017（04）：35-41.

性，更是源远流长的中华优秀传统文化的几点。品读经典文本，不仅可以引导学生加强文化修养，激发对母语的热爱，实现文化传承，还可以通过对经典文本的现代化解释，引导学生尝试古为今用，在传播与弘扬优秀传统文化的同时，增强文化自信，实现文化创新。

## 三、语文教育特性

### （一）工具性

语文学科与其他学科最大的区别在于，语文学科的教学在研究语言时，不仅要理解其表达的含义，还要研究是怎样表达的以及为什么这样表达的问题，而学习其他学科，语言只是一种媒介。语文学科的主要任务之一就是让学生系统学习语言，提高语言理解与运用的能力，并将这种能力应用于其他领域的学习中。语文教育中，语言本身就是一种工具，同时，语文学科也具有工具性特点。

#### 1. 语言本身的工具性

首先，语言是人类最重要的交际工具。语言的使用是人区别于其他动物的最重要标志，人类的说、写等语言活动都是为了表达思想或进行交际，人们可以通过语言表达自己的观点，也通过语言工具理解他人的表达，语言是人类获取、储存、转换、表达信息的重要手段。

其次，语言是人类思维的工具。语言是人们在劳动生产中为适应交流、传递信息的需要而产生的，语言产生之后，就成为思维存在和发展的必要因素，成为实现思维、巩固和传达思维成果的工具。语言是思维的物质外壳，包含着思维内容，语言与思维互相影响，彼此促进，一定程度上，语言的发展水平标志着思维的发展水平。

最后，语言是人类文化的重要载体。任何民族都有自己的语言，他们的语言都记录着本民族的思想和文化，每一种文化都反映了人民的劳动创造、社会风俗、生产成就等，可以说，语言盛载了人类的文化，同时是不同民族文化的积淀。

#### 2. 语文学科的工具性

我国传统语文教学有着十分悠久的历史，从公元前6世纪至公元19世纪，虽然没有"语文"这一概念，也没有专门的语文教材，但是语文教学从未间断。1949 年，叶圣陶提出"语文"这个新概念，之后针对"语文"究竟是什么，出现了"语言文字说""语言文章说""语言文学说"等不同观点，不过语言始终是"语文"的基础，这也说明语文学科是以语言的学习与运用为主，旨在培养学生学习其他学科所需语文知识与语文技能的一门学科。

首先，语文是学生学习的工具。所有课程的学习都要以语文作为工具，没有哪一门课程的内容可以不用语文作为表现形式，甚至外语学习也要以语文作为解释的工具。叶圣陶曾说"语文是工具。自然科学方面的天文、地理、生物、数、物、化，社会科学方面的文、史、哲、经，表达和交流都要使用这个工具。"比如学习笔记、实验报告、工作总结等都离不开语文，如果语文能力不足，在科研工作中也不会有太大潜力。可以说，语文是到达对岸的船只，是工具而非目的，但是若没有这个工具，就无法抵达彼岸。

其次，语文是学生成长的工具。语文是帮助学生认识自然、认识社会、认识他人与认识自我的工具，如果没有语言和语文，人类的精神文明就没有栖息之处，从这个意义上说，语言是人的根本存在方式。学生也要通过语文学习不断增长知识与能力，通过对祖国语言文字的学习，加深对中华文化的理解，从而提高对社会的认识，提升自我人文素养。

最后，语文是学生改造生活的工具。语文存在于生活的方方面面，是认识生活、参与生活、改造生活的重要工具，语文教学不仅仅要将学生看作语文训练的主体，更要让学生成为生活的主体，成为可以自主学习运用语文工具进行生活的主体。只有将语文与生活实际结合，才能真正做到知识的迁移和内化。

### （二）民族性

"语文教育通常指的是指导人们学习祖国语言的教育活动"[①]，语文教育是教授学生学习运用祖国语言文字的课程，每个国家和民族都重视自己本国的"语文"教育，使民族文化与民族精神得以代代相传，因此，语文教育具有十分鲜明的民族性，而语文教育的民族性明显是由汉语语言的民族性所规约的。

#### 1. 汉语语音的民族性

首先，汉语的语音富于音乐性。汉字的声母、韵母与声调结合，使语言产生抑扬起伏的变化，在听觉上形成一种跌宕美。如古代《诗经·关雎》中

---

① 阎立钦.语文教育学引论 [M].北京：高等教育出版社，1996：14.

的"关关雎鸠，在河之洲"、毛泽东《沁园春·雪》中的"北国风光，千里冰封，万里雪飘"、朱自清《荷塘月色》中的"月光如流水一般，静静地泻在这一片片叶子和花上。薄薄的青雾浮起在荷塘里，叶子和花仿佛在牛乳中洗过一样；又像笼着轻纱的梦"。不论诗词歌赋，还是散文小说，语句都十分流畅，并且于意象之中形成音律的自然和谐。

其次，汉语语言多为双音节。"偶语易安，奇字难适"（《文心雕龙》）说的就是偶数音阶的组合可以给人安适协调的感觉，比如汉语成语中的"千军万马、破釜沉舟、鸟语花香、柳暗花明"等，都是双音节的叠加，这样使音律更加和谐，表意更加含蓄典雅。而且双音节的语言也体现出中国人追求和谐对称的审美心理，绘画中的留白、诗歌中的对仗等，都体现出民族特色。

### 2. 汉语语法的民族性

首先，汉语语法的主体意识较强。西方人注重严密的逻辑形式，语言讲究"形合"，但是中国人则习惯使用感性直观的方式认知世界并进行表达，语言注重"意合"。比如十分经典的马致远《天净沙·秋思》中的"枯藤老树昏鸦，小桥流水人家，古道西风瘦马"，就以九个名词排列，明显不符合常规语法，但是既描绘了一幅秋景，又传递出作者的悲凄之感。再比如余光中《当我死时》中的"最美最母亲的国度"，"母亲"本为名词，这里作形容词用，不仅不奇怪，反而显得凝练又贴切。因此，汉语语法具有较强的主体意识，"充满着感受与体验的精神"。

其次，汉语语法的结构具有简约性。与印欧语系严格的性、数、格等变化相比，汉语多跳跃灵活式结构，语言成分具有较强独立性，常常出现主语、虚词等的省略，但并不影响人们对其含义的理解。比如"他比我跑得快"与"他跑得比我快"的含义是一样的，句式可以灵活调整而不影响语意；再比如"林教头风雪山神庙"，按照通常的句法逻辑是不通的，但是这句话表达又十分准确。这种结构上的简约性也是基于汉语的"意合"，可以形成简单但意蕴丰富的语汇，体现出汉语独有的张力。

### 3. 汉语文字的民族性

世上很多古老的文字都先后消失，只有汉字成为现在仅存的表意文字，而且在今天依然焕发生机，汉字传承至今已经不仅仅是文字了，更是一座文化的宝库，是中华民族数千年的文明积淀。

汉字是形、音、义的结合体。拼音文字按照字母拼法就可以读出字音，反之亦可，而汉字具有以形表意的特征，即看到一个汉字，就可以大概理解其含义，这也是中国人直觉思维与感性思维的体现，体现了中国人善于对事物进行整体把握的特征，如"逐"这个汉字，就是人追豕之形，通过"立象"来"尽意"。

汉字传承了中华文化。汉字历经数千年未断，而且中国历史上有多个大一统王朝，社会的相对稳定也使汉字在内的文化得以稳定发展，汉语言文字古今一脉相承、南北通用。语言是不断变化中的，口音或个人发音习惯都会影响语言的表达，因此表音文字也会随之改变，但是汉字从甲骨文到金文、篆书、隶书等，即使古今读音改变，但是汉字的外形结构并无太大变化，这也是今天可以直接对诸多古文、古诗等进行视读并明白其含义的原因所在。

汉字具有审美价值。鲁迅先生曾说汉字有三美："意美以感心，一也；音美以感耳，二也；形美以感目，三也。"①如"日、月、虎、犬、燕、鹿"等字，通过字形，可以感受到先民对事物的观察力与想象力、概括能力。汉字的点画排布合理，结构疏密有致，逐渐形成汉字书法艺术，没有其他文字可以像汉字一样发展为一种艺术形式，所以说汉字除了文字功能，还具有独特的审美功能。

## （三）人文性

人文素质教育的目的是让学生成长为全面发展的人，这一理念英贯穿于每一门学科教学中，而在所有学科中，最能有效践行人文素质教育的就是语文学科了。语文教育不仅是语言能力与语文素养的教育，更是一种精神教育、情感教育与人文教育，学生在学习文学作品过程中，感受文字的力量与作者的精神和情感，思考作品中关于"做人"的内容，这些都会逐渐内化为学生的个人品质与人文素养。语文教育的人文性主要体现在以下几个方面。

### 1. 语文教育可以唤起情感

情感是个体人格发展的重要因素，美好的情感品质有助于人格的健康发展与情商智商的全面提高，情感教育的目的是培养学生的社会性情感，提高学生对情绪情感的调控能力，帮助学生在生活中产生积极的情感体验，当学生有了积极的社会性情感，就会产生对真善美的追求、产生社会责任感与更加强烈的公民意识。每个人的情感变化都是长期的过程，积极美好的情感需

---

① 鲁迅. 汉文学史纲要 [M]. 南京：译林出版社，2018：6.

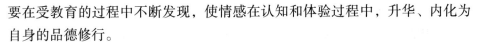

要在受教育的过程中不断发现，使情感在认知和体验过程中，升华、内化为自身的品德修行。

语文学科拥有最丰富的情感教育资源，无论哪个阶段的语文教材，每一篇文章都是作者内心情感的体现与折射，正如刘勰在《文心雕龙》中所说，"夫缀文者情动而辞发，观文者披文以入情，沿波探源，虽幽必显。"在诗词文章中感受作者的爱情、思乡情、爱国情、亲情、孤独、惆怅、壮志难酬、喜爱、祝愿、留恋等各种各样的情感，在这些情感的浸润中，学生可以形成良好的情感品质，树立正确的价值观念。而且，良好的情感情绪对人的思维活跃程度有促进作用，丰富的情感体验与理论智慧可以共同促进人的成长。

### 2. 语文教育可以培养审美

在社会主义新时代，我国主要矛盾是人民日益增长的美好生活需要和不平衡不充分的发展之间的矛盾，随着物质生活水平的不断提升，人们对精神生活的要求也越来越高，而审美就是一种非功利的精神享受，审美教育就是帮助人们满足精神要求的独特的人文教育活动，可以激发学生情感，促进智力发展与非智力因素发展。

语文本身富含美的因素，对学生精神的充实、情感的丰富与人格的健全等都有着积极的意义，语文的阅读与聆听是对美的感受和欣赏，语文的运用则是对美的表现与创造。在语文教学中，学生不仅可以感受到大自然的壮美或秀美，还可以感受到人间真挚美好的感情，通过作者对一草一木的描绘、对鲜活朴实的人与事的描述，自然地接受审美教育，提高对生活与外物的审美能力和欣赏水平。许多优秀的文学作品，凭借艺术的美吸引学生，唤起学生的审美情感，使学生在感知美的同时实现美的人格的培养。

### 3. 语文教育可以引导思想

语文教育在培养学生语文能力的同时，是学生感受语言文字蕴含的思想，提高其人文素质，促进学生精神成长，许多文质兼美的文学作品都凝聚了作者的文学功底与思想感情，倾注了作者的理念与认知，这些作品不仅能够给人审美体验与审美教育，更能给人思想的启迪与引导。

在中国古代，优秀的文人重视善于将对历史、社会、人生的思考寄于文章之中，通过借古讽今、借景抒情、游说辩驳等表达自己对政治、人生的态度，从先秦的诸子百家到唐宋八大家再到明清时期的徐渭等人，都十分擅长将劝谏、革新之意寓于各类文章之中，他们的思想至今仍旧闪耀着光芒。比如孟子的"故天将降大任于斯人也，必先苦其心志，劳其筋骨，饿其体肤，空乏其身，行拂乱其所为，所以动心忍性，增益其所不能"，再比如司马迁《史记》中的"盖文王拘而演《周易》；仲尼厄而作《春秋》；屈原放逐，乃赋《离骚》；左丘失明，厥有《国语》……"通过语文教育，令学生体会到汉语言之美的同时，还可以帮助学生找到滋养中华民族自强不息的强大精神力量。

综上所述，大学语文教育的特性可以总结为如图4-3所示。

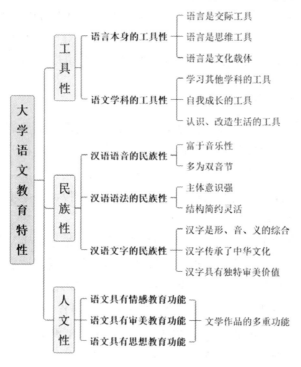

图 4-3　大学语文教育特性

不难看出，大学语文教育是一个综合的教育过程，既可以提升学生的语文能力，又可以陶冶情操，使学生不仅接受到文学教育，感受语言与文字的魅力，更能将其中的情感与美学内化为自己的内在品格，提高人文素质，实现人的全面发展。

## 第二节　大学语文教育中的人文向度

大学语文是一门综合性很强的课程，有着多种向度，如提高大学生运用语言文字的能力，向大学生传授中外文学知识等，但是在多种向度中，提高大学生的人文素质的向度应该是主导性的，其他向度应该维系于这一向度，即应该重视提高大学生的人文素养。大学语文包括语言文法方面的知识，也包括思想品德建设的内容，还有写作表达方面的训练，对学生综合能力的提升十分有益。大学语文学习是学生在中学语文学习基础上的合理延伸，对于多数理工科学生来说，大学语文是最后的正式语文课，因此其意义更加重大，在大学语文教育中要加强人文精神的渗透。

## 一、大学语文的人文素质教育功能

大学语文是最能体现人文素质教育的学科之一，在人文素质教育中有着无法替代的作用，前文提到，语文教学的人文性体现在语文具有情感教育、思想教育、审美教育等，大学语文在人文素质教育中的具体功能主要有如图 4-4 所示中几个方面。

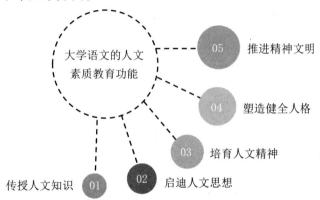

**图 4-4　大学语文的人文素质教育功能**

### （一）大学语文教育可以传授人文知识

大学语文课程是传播人文知识的重要载体，不论语文教材是按照时间顺序编排，还是按照文本类型划分，都包含了丰富的人文知识，有利于学生建立普遍的人文知识系统。语文以其独有的审美方式，使人们可以形象直观、深刻细腻地认识世界认识自我，从而悟出生命的价值与意义。

与其他意识形态相比，文学作品对人的反映主要有两个特点：首先，文学是人类思想情感的表现，是人内心世界的外在呈现，虽然文学也会记录社会生活，不过更侧重情感的表达，"诗言志"是我国文学的重要传统。其次，文学作品在表现情感时，不是通过议论说理，而是以动人形象反映出人类的丰富思想，比如王国维先生的"三种之境界"的说法，就是借用了形象的抒情诗句达到说理的目的。

语文教育本质上是情感教育与审美教育，借由文学作品培养人的高尚情操与优美感情。作为中国大学生，必须了解中国的优秀文学作品，如唐诗宋词、明清小说、近代文章等，同时对于国外的名著、历史、艺术等也要有所了解，广泛的人文知识可以帮助我们获得美的享受与内心的愉悦，而人文知识的积累既离不开语文教育，也需要自己博览群书，扩展人文知识的边界。

## （二）大学语文教育可以启迪人文思想

大学语文教材中的文本还体现了丰富的人文思想，可以帮助学生认识人与自我、人与他人、人与社会、人与自然的关系，这四个维度构成了完整的人文思想系统，通过大学语文学习，学生可以更好地把握人文思想。

在语文教材里的各类文学作品中，可以看到先贤对人与外界关系的探索，如探讨人与自我关系的"自知者明"（老子《道德经》）、探讨人与他人关系的"人不独亲其亲，不独子其子"（《礼记》）、探讨人与社会关系的"天下兴亡匹夫有责"（顾炎武）、探讨人与自然关系的"竭泽而渔，岂不获得？而来年无鱼；焚薮而田，岂不获得？而来年无兽"（《吕氏春秋》），等等。

此外，在中国古代教育中，十分讲究礼乐和谐，并将"乐"放在十分重要的地位，因此我国很多文学作品除了表达情感之外，还受到"乐"的影响，有着极高的审美价值，这些都可以在大学语文教育中得以体现，对培养学生文学与艺术的审美有重要价值。

通过这些作品的学习，学生可以更加理性、客观地看待人与外界的联系，有助于学生人文思想的启迪，同时有助于学生寻找生命的真谛，对从思想上提升学生的人文素质有着积极的意义。

## （三）大学语文教育可以培育人文精神

人文精神是人类文化创造的价值和理想，表现为对人的尊严、价值、命运的维护、追求与关心，人文精神的核心是追求真善美，大学语文教育中体现的正是对真善美的颂扬与对假恶丑的鞭挞。

在我国，伟大的教育家孔子提出"不耻下问""朝闻道夕死可矣"等；在西方，亚里士多德提出教育的最终目的是使人达到智慧理性与智慧美德，都体现出强烈的求知精神，同时，"求是""求实"的学习精神也得以保留至今，这些精神都可以从大学语文课堂上获得，并应用于其他学科的学习。

此外，我国古代教育中的知识学习与个人修养是密不可分的，向来注重"君子人格"的培养，因此，在学习传统文化的同时，可以将其内化为自身人文素质的一部分。比如古代文人常常寄情于物，赋予自然事物以人性品质，借它们的自然品质象征自己的精神追求，比如赞美岁寒三友不畏严寒的特性，以表达自己不惧困难的精神，这些精神可以对学习者起到教育作用，培养其磨炼心性、勇敢无畏的精神。

除了求知精神、不惧艰难的精神之外，大学语文还可以使学感受到审美精神、向善精神、爱国精神、创新精神等对人自身发展和社会发展的作用，可以较全面培育学生的人文精神。

### （四）大学语文教育可以塑造健全人格

大学语文教材中与课堂上的学习内容，是经过筛选的并且有利于大学生人格养成的，我国的文学作品向来追求"文以载道"，优秀的作品在反映作者内心情感的同时还能批判社会现实。大学语文教育通过这些优秀的文学作品，在个人与社会、历史之间搭起了理解与交流的桥梁，使个体得以进入历史，在学习中进行自我精神构建与人格塑造[①]。

在大学语文课堂上，学生通过对经典作品的学习与解读，与不同的人和作品进行交流。学生会学习到孟子的舍生取义、生于忧患死于安乐的思想，领悟其价值取向；还可以通过屈原的作品体会他"独立不迁"与"上下求索"的可贵精神；在苏轼的诗文中，感受他乐观旷达的人生态度与独特的文化人格；还可以通过鲁迅的文章，学习他敢于揭露黑暗、批判现实的伟大人格力量；等等。

这些人物和他们的作品，都是大学生学习的对象，可以引导学生正式现实、直面自我，并且以较高的标准要求自己、塑造自我，进而培养健全的人格。在大学语文教育中，教师也要注重对作品与作者的背景进行解读，并联系现代生活，使学生可以更加深刻、细腻地领会其中的精神，并将其转化为自己人文素质的有机组成部分。

### （五）大学语文教育可以推进精神文明

大学是探求学问、追求真理、关注人类命运的地方，是人类追求文明进步的精神殿堂，大学的人文精神是大学发展与社会发展不可缺少的内容，人

---

① 李航宇.当前大学语文教学实施人文素质教育的主要问题与对策研究[D].湖南师范大学，2011.

文精神蕴藏在大学教育中，通过培养有社会责任感与公共良知的国民，发挥对人类精神文明的引导作用。大学语文教育，在继承前人宝贵精神财富的同时，更应该肩负起推进精神文明进一步发展的使命。

大学精神就是一种批判的、创新的精神，包括大学语文教育在内的高等教育，一方面传承人类千百年来积累的文化，另一方面也要创新文化并且激活民族创新能力，使人类文化得以绵延不绝。

在大学所有学科的教育中，大学语文是能够最直接体现大学人文素质教育的学科，因此，从教材编选到课程安排，再到课堂教学，都要充分渗透人文素质内涵。

需要注意的是，大学语文并不等于大学文学，也不等于传统文化，大学语文侧重综合语文能力的提升，因此，在教材的编排上，不仅要注重中国传统文化内容，还要注重现当代语文知识与外国经典作品的学习，这样才能使学生兼容并蓄，广泛学习，从不同方面提升自己的综合素质。

## 二、大学语文教材文本中的人文内涵发掘

学界对于强化教材的人文内涵的呼声日益增多，人文性也成为教材文本编选的方向与首要之义，贯穿教材的始终。要挖掘文学文本的人文内涵，必须对与文本密切相关的内容有综合的把握，这样才能在语文教学中发挥人文素质教育的作用。

首先，要注意文本的精细阅读与建立开阔文化视野的统一。一部优秀的作品一定有其具体所指，比如小说中的时间、地点、人物、事件等，同时作品还会映射出一定的道理。此外，作品的人的产物，人受到其所处时代环境与社会环境的影响，作品中必然会蕴含那个时代的文化精神，同时，人有其独特的经历与心路历程，会受到多种文化与思想的影响，因此作品中也会体现出来自世界范围内的文化与文学艺术的影子。

所以，在讲授大学语文时，不可能离开具体的作品对象而大谈人文素质或其他，也不能局限于作品反映的具体事物与观点，因此，文本精读离不开广阔的文化视野与深邃的历史视野，要坚持文本的精细阅读与建立开阔文化视野的统一。

比如讲授中国现代主义文学，既要了解中国古代文化与文学艺术推崇意象的"尚象思维"与以和谐为媒的抒情风格，又要知道西方现代主义作品讲究知性与象征的特点，通过对比帮助学生理解中国现代文学文本中的"审美现代性"，并且引导学生理解现代主义作家受到西方文化影响同时具有民族

风格与时代精神的人文情怀，如戴望舒的《雨巷》、穆旦的《春》，都可以从这些角度进行解读。

其次，要重视文本的具体性与超越性的统一。优秀的文学文本总是现实性与超越性的统一，文本中高端人文精神既体现在对社会现实的或写实或抽象的描写，更体现在象征层面上。比如《长恨歌》中有一个具体的故事，故事本身具有一定含义，同时在具体含义中又可以抽象出某种普遍性，这种经过抽象了的普遍形式，超越了具体的故事，同时丰富并提升了具体故事的人文内涵。

语文教学过程中，在分析文本具体内容的同时，也要注重带领学生一起发现具体文本中蕴含的超越性潜质，从中发掘超越历史与人群的人文魅力。对于《荒原》《等待戈多》等后现代主义文学作品，如果拘泥于具体性就很难真正了解作品内容，之于把握其时代背景，重视文本符号的象征功能，才能获取其超越性内涵，揭开人文内涵。

最后，要自觉建立理性审视与批判的眼光。文学文本是特定时代、特定历史时期、特定社会环境、特定阶级人群中的具体某位作家的精神产品，所表达的精神难免有其历史局限性与个人主观片面性，因此大学语文的学习要确立历史的与美学的解读原则，引入历史唯物主义理性审视的眼光。毛泽东曾说"向古人学习是为了今人，向外国人学习是为了中国人"，并且提出"批判继承"的论点。

当代大学语文教育也是社会主义教育的一部分，教师要自觉将社会主义价值体系教育渗入大学语文的人文素质教育中，社会主义价值观是对先进人类精神文化的继承与更高层次的扬弃，也就是将中外优秀的文学艺术进行吸收并进行创造性转化，使之成为社会主义文化的一部分。

### 三、大学语文教育的人文教育引导方式

我国语言学家陆俭明指出，语文教育一是给学生真、善、美的熏陶和教育，二是培养学生的文学素养，三是让学生掌握恰到好处的语文能力和知识。如何在语文教育中渗透人文素质教育，不能只靠单纯的文本阅读与说教，而是要在文本解读中感悟作品反映的人文精神，这就需要在语文教育中进行人文教育的引导。

首先，分析作品的艺术技巧，让学生领会作品的艺术美。在讲解作品时，要将作品的艺术技巧进行透彻深刻讲解，使学生感受作品的艺术魅力，这样通过所学作品数量的增多，学生对文学作品分析的方法也不断增多，从

而有效提升分析作品的能力，并举一反三地将这种分析能力应用于其他文学作品的解读中，甚至用于其他学科的学习中。

（1）对于议论文，可以将其说理方法进行系统讲解。如李斯的《谏逐客书》中就用到了例证法、归纳法、对比法、类比法这些说理方法，在《季氏将伐颛臾》中用到了演绎的说理方法，这五种方法是说理最常见的方法。通过这些学习，不仅使学生对说理方法有所了解，还能将这些方法的对比研究用于其他文本分析中，或者用于自己的专业报告撰写中，这就可以有效提升学生的逻辑思维能力。

（2）对于抒情作品，要将其表现方法进行系统讲解。如"首如飞蓬"（《诗经》）的比喻抒情、"衣带日已缓"（《古诗十九首》）的以貌显情、"借问谁家子，幽并游侠儿"（曹植《白马篇》）的象征抒情、"镜朱尘之照烂，袭青气之烟氲"（江淹《别赋》）的借景抒情、"行路难，行路难，多歧路，今安在"（李白《行路难》）的直接抒情，等等。通过具体作品抒情方法的分析，使学生完整全面把握抒情文学的表现方法，利用这些方法分析课外文学作品。

此外，对于记叙作品、应用作品等都可以对其写作方法进行分析学习，积少成多，就可以系统梳理出对作品进行艺术分析的方法，从而提升自己的语文能力，并通过内化吸收将这种能力转化为普遍适用能力，提高综合素质。

其次，通过作者在作品中展现的对社会的看法与理解，引导学生正确认识过去的社会，理性对待当今社会。比如通过杜甫诗篇中对战争给民众带来的苦难的描写，如"去时里正与裹头，归来头白还戍边"（杜甫《兵车行》），使学生意识到封建社会对人民的压迫，联系近代战争、当代局势等，感受和平的来之不易。再比如通过古今诗词中对祖国河山的描述与对祖国热爱的直接表达，如"捐躯赴国难，视死忽如归"（曹植《白马篇》）、"为什么我的眼里常含泪水，因为我对这土地爱得深沉"（艾青《我爱这土地》）等，以此激发学生的爱国主义思想。

最后，通过语文作品阅读学习，引导学生借前人的经验学习如何正确对待自我、领悟自我价值。大学是青年学生世界观形成的重要阶段，也是他们思想走向成熟的重要时期，通过对语文作品的学习，可以帮助大学生正确面对人生。比如古今中外很多作品中都有关于爱情、亲情、人生、苦难、挫折、幸福、遗憾、哲思等内容，学生可以从这些作品中学会应该如何正确面对人生道路上的问题，在面临困难或抉择时，很多经典作品会给予学生启发。

综上所述，语文教育不仅仅是文学鉴赏或文学创作的教育，更是思想启发与人生指引的教育，大学语文教育面对特殊成长时期的青年学生，更加发挥了人文素质教育的作用，以文学作品为载体，帮助青年学生开拓文化视野、树立正确价值观与人生观，对提升语文素养与综合素质都十分重要。

# 第三节　大学语文教学中人文素质教育必要性

大学语文教学对学生的全面发展与综合素质提升有着深远影响，教育界与学界也已认识到大学语文的重要性，给予其空前关注和重视。但是，时至今日，大学语文教育教学现状仍然不容乐观，整体教学水平与学生的重视程度严重不足，导致这些现象的原因不是单方面的。

对待大学语文教学，教师与学生都不能只将其视为单纯一门占学分的课程，而是要将人文素质教育与人文情怀渗透其中，体现出大学语文的工具性与人文性，学生通过语文学习，不仅要学习"语"和"文"，更要从中获得人文素质的提升。

## 一、大学语文教学现状及原因分析

### （一）大学语文课程逐渐边缘化

大学语文作为高等院校的公共基础课程，经过长期的实践，在很多方面都取得了一定的成绩，比如提升了学生的语言文字能力与人文素养，建立了相对完整的语文教学体系与教学模式等。但是近年来，大学语文课程逐渐落入尴尬境地。

第一，中小学的语文知识学习已然比较到位，不少高校开始产生对大学语文的必要性产生疑问，大学语文课程没有各项技能证书的激励性，也没有思政课程的权威性，逐渐被边缘化。

第二，随着社会分工的细化与高校院系的专业化，普遍重视学生的专业知识学习与技能培养，在课程设置上忽视大学语文等人文通识课程。

第三，全社会的功利性、实用性思想占据主流，技术性、工具性的价值取向处于主导地位，人们对经济与物质的关注远超对精神与人文的追求，高校也不仅仅是学习的场所，还充当着求职的跳板。

第四，社会压力的增大使大学生面临就业问题，不得不追求现实利益，从这个角度来看，专业课程明显优于语文等人文课程。

基于以上原因，大学语文课程被一再缩减甚至取消，还有的学校将大学语文课程替换为写作沟通课程、社交礼仪课程等，但是这些都只是大学语文课程内容的一部分，只是这类课程更有显著的实用性效果，能够快速提升学生的社会适应能力。但是社会的发展与人类的进步，不仅需要过硬的能力，也需要有着高尚品格与道德情操的人，真正推动社会进步的人一定是德才兼备的。

### （二）大学语文课程的教学模式单一化

在大学开设语文课程，其教学目标是多元化的，包括提升大学生的语文素养、语言能力，培养学生的高雅情趣与高尚道德，促进大学生的全面发展与综合提升。但是教学过程中，并未按照教学目标进行教学设计，依然偏重知识的单向传授，在有限的课堂时间里，教师讲授占据了几乎全部时间，没有给学生思考的空间，而且教师往往不够重视对学生发散思维、创新思维、批判思维的培养。

教师受到传统教学模式的束缚，导致大学语文教学"千人一面"，学生也产生严重的课堂倦怠，只将其作为一项学习任务，无法深入理解大学语文的内涵，更别提从中汲取营养提升自我。这种依赖课堂教学的单一教学模式难以实现大学语文多元而宏大的育人目标。

另外，无论哪个学科的教学都要依赖教师的引导与教学，教学设计与教学实施，直接影响教学质量和教学效果，因此，学科教学需要一支良好的教师队伍，但是目前很多大学的语文教师队伍建设并不到位。一些大学语文课程教师配备非专职化，而是由在读研究生或兼职教师进行授课，课后也缺乏与学生的交流，难以保证教学质量；大学语文教师在科研、发论文等方面都有困难，也给教师造成了现实的阻碍，导致教师的工作成就感和幸福感不高，对教学工作热情逐渐降低。

### （三）大学生缺乏语文学习的自主性

大学语文课程的教学目标，直接指向大学生的人文素养与综合素质，需要学生有较高的学习自主性和积极性，但是现实情况显然并非如此。究其原因，一是社会功利主义思想的影响，重视专业学习轻视人文学习；二是在中小学阶段已经学习了十几年语文，大学语文教学在内容、方法与模式上并无大的不同，使学生产生语文学习的疲惫感；三是学生并未真正走进语文的世

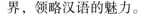

界，领略汉语的魅力。

正式由于社会环境影响与个人认知的局限性，大学生普遍轻视语文学习，也因此导致很多大学生缺乏个体发展所需的有效、理性、清晰的思维能力与表达能力，主要表现为语文基础薄弱、书面表达能力有限等，并且受到网络用语的影响，遣词造句逐渐不规范、不准确。

无论学校、教师还是学生，都普遍表现出了对大学语文的忽视，这在一定程度上反映出社会现实对大学教育的影响，同时也弱化了大学教育引领社会文化与文明的功能。

因此，要想使语文教学真正达到其教育目标，一方面要改进教育方法，另一方面也要改进教育理念，将其与现在大力提倡的人文素质教育结合起来。

## 二、人文素质教育融入大学语文教育

人文素质教育的根本目的在于培养真正的完整的人，大学语文教育是提升人文素质的直接方法，同时，人文素质教育理念与人文素质教育实践对大学语文教育也有着十分积极的作用。

首先，人文素质教育是大学语文教育的拓展。语文教育肩负着人文素质教育的使命，语文不仅仅是学习"语言""文字"，更要引导学生通过这些语言文字作为载体的篇目，在字里行间发现作者的情感、品质、意向，并将语文的语言知识与文章中体现出来的精神品质内化为自己内在的素质，将语文学习的范畴扩大到人文素质提升的范畴中。这样，学生通过语文学习，不仅可以获取直接的知识，还可以受到影响更为深远的精神教育。

其次，大学语文教育是人文素质教育的深化。人文素质教育不是一蹴而就的，也不是单一发展的，反映到学科上，涉及语文、哲学、历史、社会学、人类学、伦理学等多个领域的学科，语文是与人文素质教育关系最密切的学科，也是人文素质教育在语文相关的人文知识方面的深化。因此，语文学习可以帮助学生更好地把握人文素质的内涵，提升学生的理解能力与表达能力，有利于其他领域的学习。

最后，二者有着相似的"命运"，没有人会否认大学语文教育与人文素质教育的重要性，但是，在很长一段时间内二者都是被忽视的状态，特别是在大学阶段很少设置相关课程，只是靠一些有兴趣的同学的自主学习。21世纪以来，对大学语文与人文素质教育的呼声越来越高，更多人开始重视它们的教育教学实践，而且人民也认识到只有能力没有素质的人是无法走得更远的。无论大学语文教育，还是人文素质教育，都要抓住今天的发展机遇，使人文素质的教育理念深入人心，并使大众认识大学语文的重要性。

总之，大学语文教育是人文素质教育的一部分，同时也是人文素质教育在语言能力方面的升华体现，二者有着密切的联系。要想发展大学语文教育，恢复其基础性学科的地位，一定要积极落实人文素质教育理念，这样二者可以相互促进发展，共同服务于学生的全面提升。

# 第四节　人文素质教育背景下大学语文教学创新

大学语文的学习应该减少应试性与功利性，使学生真正徜徉于文字的海洋中，感受汉语语言之美，从文章中学习语言知识与内涵品质，这样才能提升学生的人文素质。那么，大学语言的教学就不能沿用中学阶段的方式，而是要积极进行改进创新，使学生在宽松的充满人文关怀的环境中自主自觉地接受教育。

## 一、营造民主教学氛围

在大学语文教学中，要避免只解释段落、中心思想等僵化的知识，而忽视学生的感受与教学的氛围，教师不仅要传授知识，更要在课堂上调动学生学习的积极性，创新教学内容，将教材文本与实际生活相结合，提高学生的学习兴趣。

比如可以采用小组讨论的形式使每位学生都参与到课堂互动中来，在活跃教学气氛的同时，还可以提高学生的合作能力与表达能力。将上课时间交还给学生，教师负责引导学生进行阅读、讨论、发言，这样可以打破传统的单调课堂模式，有利于学生更加深刻、全面理解文章内涵。

另外，在大学语文的教学过程中，需要更多的师生互动，以营造出民主的课堂气氛，进而构建新型的平等师生关系。比如教师可以根据课程需要安排课堂讨论、辩论、演讲、朗诵等，同时教师自己也参与其中，激发学生参与的积极性，真正实现师生互动，拉近师生距离，这样也可以有效避免学生学习的惰性。

将课堂气氛进行改革，可以使学生从完全的被动式学习转为主动参与式学习。语文学习有一个必不可少的环节，就是写作实践，名家名篇的学习是知识的输入，学生一样需要自己想法的表达。这个环节中，对优秀学生作品进行评价是调动课堂气氛的又一方法，这样可以促进学生互相学习，共同提高。

营造良好的教学氛围还有很多种方法，教师可以根据教学内容与学生特点采取相应的策略，如分组讨论、课堂展示、联系生活等，良好的教学氛围可以使教师与学生建立亲密的课堂关系，调动学生的主观能动性，并在学习过程种全面锻炼学生的各项能力。

## 二、开展语文沙龙活动

语文沙龙活动，即课堂之外的语文相关的讨论活动或非正式的更具互动性的课堂，可以有效提升学生的语文学习能力，并在教师指导下激发学生的创新思维。

语文沙龙活动过程中，要始终坚持学生的主体地位，一些学生由于阅历较浅，对事物的认知也比较浅显，因此在沙龙活动中会产生不自信的现象，这时就需要教师与其他同学的鼓励，帮助这样的学生大胆说出自己的想法，使沙龙活动的开展更加高效，也使学生锻炼自己的心理素质与语言能力。

学生在参与文化沙龙时，可以与其他学生进行思维的碰撞，共同探索更加广阔的世界，使学生的思维高度有所提升。同时良好的氛围可以带动一个班级、一个组织内部的学习积极性，使学生享受到求知的乐趣与成就感。

利用文化沙龙形式，可以有效促进学生开展创新思维的应用，同时提升学生的自身能力。教师也可以有效发挥自己的指导作用，帮助学生成为学习的主体，培养学生的创新思维与语言能力，并且对教师来说，也可以提升自己对语文教学与学生情况的进一步认知，为之后的教学活动提供助力。

## 三、发挥文学社团作用

社团活动有助于学生提高综合素质，语文类的社团主要有文学社团、文化社团，在社团活动中，学生对待特定事物的态度和处理问题时所用的知识和技能是学生语文素养与语文能力的外在表现形式。高校通常都会设立文学社团，不过社团的作用局限于内部，并不能形成很好的辐射效应，因此，大学语文教学要发挥各种文学社团的作用。

学校文学社团的建立，可以为学生提供良好的语文学习空间，而且社团活动主题不会局限于语文教材，可以是学生感兴趣的各种话题，这样可以有效提升学生参与社团活动的积极性，在活动过程中提升自己的语文素养。

文学社团还可以举办面向全体学生的活动，比如读书会、知识竞赛、写作比赛、经典讲坛等，这些都是可以形成校园良好文化环境的手段，并且社团可以邀请学校的教师作为参与者或评委，形成师生联动，使教师与学生都参与到学校文化建设中来。

当代很多大学生对文学文字等都有着浓厚的兴趣，甚至一些学生在语文领域有自己十分擅长精通的方向，不过进入大学之后，面对的学习压力、就业压力等加重。文学社团可以为这些学生提供精神的栖息之所，使他们可以暂时忘记现实的压力，与其他同学一起体验文字带来的精神享受。

## 四、创办语文学习刊物

语文学习离不开阅读与写作。教师要鼓励学生多读书，并且要读不同的书、在不同的地方读书，不仅要完成课程标准推荐书目的阅读，还要坚持课外阅读，很多经典作品与报刊杂志虽不在推荐名单之中，但也是十分值得阅读的。

除阅读外，写作也是提高学生语言能力的重要途径，通过写作，将自己的想法表达出来，写作的过程也是一个不断挖掘自我的过程，在写作中，可以使思想得到深化，精神得以升华。因此，学校或社团可以创办自己的语文学习报刊，这样可以使学生有的读、有的写，可以有效提升学生的语文学习，同时在阅读写作中提高人文素质水平。

语文教材中所选篇目内容丰富，经典规范，但是毕竟有限，要想培养学生的人文精神，提升文化素养，还要保证每天读更多的课外文章，课内外结合，可以学习不同的知识，全面提升语文素养。此外，创办语文学习刊物，学生需要自己动手搜寻资料并且排版印刷，使他们对报刊有一定了解，无论是撰稿的学生、排版的学生，还是负责宣发的学生，都可以在这个过程中得到有效的锻炼。

创办学习刊物也不局限与语文一科，其他学科也可以有自己的刊物，不论哪一领域的报刊创建，都有利于学生对知识的吸收与综合了解，提高学生的观察想象能力与独立思考能力，培养学生的实践精神和创新精神。

## 五、充分利用网络教学

全媒体时代的来临，使教学手段变得十分丰富，现代教育离不开互联网的参与，大学语文教学也要充分利用网络资源。

大学语文教学要充分利用网络技术。传统的语文教学模式中包含教师、教材与学生，就可以构成完整的课堂，现代语文教学依然可以如此，不过多利用网络技术，可以使课堂更加现代化，也更加符合当代青年学生的认知特点。比如通过多媒体课件形象展示篇目中出现的画面、声音等，有利于学生对文章的形象理解，通过形象展示也有利于学生在之后的学习中发挥想象力。课后教师与学生也可以利用网络进行沟通，如学习网站的使用、沟通工具的使用等。

大学语文教学要充分利用网络资源。网络带给人们海量的资源，有很多是可以应用于课堂的，比如与教材文本相关的文本、图片、音频、视频等，这些都可以用于课堂，帮助学生理解内容。另外，网络资源还有利于学生自学，网上有很多与大学语文相关的课程讲解、延伸阅读等，比如尔雅课堂、慕课等，就是很好的学习资源。

总之，大学语文的教学对学生人文素质的提升有不可取代的作用，不仅表现在教材的文本内容中，学生在文本中学习作者的品质；还表现在大学语文的教学模式上，通过教学方法的创新，学生在学习知识的同时，提升自己的沟通能力、创新思维能力、媒介应用能力等，得到全面发展。

# 第五章　大学语文视角下人文素质教育模式探究

# 第一节　课堂人文教学

课堂教学是传道受业解惑的主阵地，也是人文素质教育的主要途径。课堂教学是在个别教学、班组教学的基础上发展而来的，是现在世界各国教学的基本组织形式，课堂教学是将学生按照年级编成有固定人数的教学班。课堂上课制是教学的基本组织形式，可以经济有效、规模化培养人才，有利于教师主导作用的发挥，有利于教学达到统一水平和学生系统学习知识。人文素质教育必须充分发挥课堂教学的基础与核心作用。

## 一、人文素质教育对语文课堂教学的要求

### （一）完整的课程体系

人文素质教育并不仅是在增加几门专业课程之外的人文课程，而是要构建完成的课程体系，这个体系包括以提高读写等多方面能力为目标的技能类课程与构成人类知识体系的知识类课程，这两类课程都是为满足学生自身发展与兴趣而进行的非专业学习，旨在帮助大学生形成均衡的知识结构，一定程度上弥补学生由于过分专业化学习导致的知识与思维的局限性，以做到尽可能全面理解社会与自然。

以大学语文为例，大学语文课程既有技能课程的特点，又有知识课程的特点，传统的语文教学模式就类似今天的课堂模式，通过教师的讲解，将语文中体现出的人文素质、人文知识等传授给学生。课堂教学模式一方面给予教师教学短期的限制，比如通常要按照教材进行讲解；另一方面也对教师的语文素养提出了更高要求，因为教师不能只局限于具体文本，一定要做到旁征博引，使学生认识语文的博大精深，同时以自己的人文素养影响学生。

完整的课程体系有利于学生形成完整的知识体系与知识结构，大学语文包括古今中外的文学经典阅读、写作能力训练、表达训练等多项内容，要根据当代大学生的特点，编选合适的大学语文教材，使语文教学可以提高学生

的人文素质，并唤起学生对自身综合素质提升的重视。

## （二）启发式教学

人文素质教育要培养的是"完整的人"，是能够独立行动、独立思考的人，因此教育方式应该是启发式而非灌输式的。孔子早就提出"不愤不启，不悱不发，举一隅不以三隅反，则不复也"（《论语·述而》），坚持好的教学关键在于怎样启发学生自己去思考和琢磨，要做到这点，就要多让学生自主思考，而不是直接给答案或者帮助学生思考。

根据建构主义的学习理论，学习不是一成不变的对象，也不是信息的简单积累，它同时包含出于新旧经验的冲突而引发的观念转变和结构重组，是新旧经验之间双向的相互作用的过程，在这个过程中，学生不是被动的信息接收者，而是主动的信息参与建构者，也就是学生要能够主动在已有认知的基础上建构当前事物的意义。

因此，在大学语文教学与其他人文素质教育中，要始终将学生放在学习过程的中心位置，教师在必要时给予关注和指导，这样学生通过自主思考，不仅可以获得知识，还可以锻炼自己的逻辑思维，培养思考问题与解决问题的能力。

## （三）课中课后互动

课堂教学的最大局限性在于课时限制，如果不能使学生树立自主学习与终身学习的理念，只靠有限的课时中的教学，对任何学科来说都是远远不够的，因此，课堂教学不仅包括课上四五十分钟的教育，还需要课前准备、课后巩固与补充。可以将课程体系外的研究型学习实践活动视为课堂教育的前奏或末章，这些课外活动不会占用正常的课时，通常以课题小组、实验学习、集中项目、专题研究等模式开展，可以提升学生的参与程度、合作程度、研究能力等，与课上教育结合，满足学生个性发展与全面发展的需求。

语文无疑是一门浩瀚无边的学科，课堂与教材给予的内容是十分有限的，因此需要学生课后多进行学习，结合教师在课堂上讲解的赏析方法、表现手法等，通过更多的文本阅读与写作进行巩固练习，而且大学语文中的人文内涵也是值得反复学习的。

只有将课中教学与课前课后的自主学习有机结合起来，才能更好地施行人文素质教育，学生也能够从课上与课下的学习活动中，全面提升对学科学习的认识与对人文素质的重视。

### （四）人文素质教育融入语文教学

在人文素质教育受到空前关注的今天，随着其深入发展，很多教师和学者发现，一定要将人文素质教育与其他学科教学相结合，而大学语文是最能够直接反映人文素质的学科，因此，在大学语文教学中，要大力融入人文素质教育，使学生在学习文化知识的同时，接受人文素质教育，从而提升自我素养。

当然，这种融合教育不能是生硬的或贴标签式的教育，而是要将二者融为一体，产生潜移默化的教育效果，比如人文素质教育与大学语文中的古典诗词结合时，不需要一直提及"人文素质"的概念，只要将诗词中的情感、情怀、背景等进行讲解，引导学生感受作者的心境、体会笔下的情境、揣摩景与情的关系等，这样既可以使学生理解具体的文本，还可以启发学生的美育、德育等，从而达到人文素质教育的目的。

## 二、人文素质课堂教育困境

### （一）课程体系不够科学完善

目前，国内多数大学的人文素质教育的课程体系还不够科学化、规范化。

首先，人文类课程师资有限，要承担全校的人文素质课堂教学，无疑是十分繁重的工作，而且每位教师有自己的学科背景，就会导致有的人文类课程比较密集，有的学科又存在空白。

其次，人文类课程通常为选修课，虽有学分要求但无章可循，对教师与学生都缺乏有效的监督与评估要求，造成学生只以拿到学分顺利毕业为目的，上课不够认真，到考试之前进行突击复习，这样虽然看似选修了一门人文类课程，但是真正所获少之又少。

最后，课程设置存在一定局限性，比如"大学语文""应用写作"等课程应该是人文素质教育的基础课程，但是很多大学并未在全校开设，仅仅针对个别文科类专业学生设置，这是远远不够的。当今大学生的语文基础素养、写作水平等情况堪忧，这类课程对理工类大学生也是十分必要的，需要平衡人文素质课程与专业课程的关系，合理安排课程。

### （二）课堂教学方法有待改进

第一，相对课外人文素质教育方法，课内的人文素质教育不够生动。许多人文类课程还停留在单纯的知识传授，在师生互动、学生思考、实践活动等方面有待提高。与其他课程相比，人文类课程应该更讲究授课艺术，要全力研究如何提高学生学习热情、如何将课内外活动有机结合、如何加强思政教育中人文精神的培养等。

第二，多媒体技术已经被广泛应用于各科的课堂教学中，人文类课程也不例外，在很多学校几乎每一位教师、每一节课都会用到多媒体技术，这在带来便捷性的同时也带来一个问题，即教师过于依赖多媒体课件的展示，教师的主动性、创造性、个人教学魅力等能够体现人文精神的东西被弱化了。教师是多媒体技术的使用者，不应该被现代技术约束。

第三，人文素质教育要与专业教育有效融合，人文素质的课堂教育并不只是人文类学科、人文类教师的人任务，其他专业课教师也要在课堂教学中融入人文素质教育。比如在专业实验课或实践课上，要引导学生养成求真求实的科学精神，这就是人文素质教育的渗透。

## 三、人文素质课堂教育创新

随着人文素质教育的深入发展，课堂教育的要求也在逐渐提高，一定要从学生的实际需求出发，认真探讨合理的课程设置。

### （一）完善通识教育课程设置

通识教育课程是为不同专业背景的学生设置的系列共同课程，目的是使他们在学习各自专业知识的同时，了解基本的人类知识，并成为全面发展的人。美国的通识教育是处于世界先进水平的，借鉴美国高校中核心课程的建设经验，在完善通识课程设置方面，可以参考如图 5-1 所示的几点。

第一，美国哈佛大学会成立通识教育课程委员会，由一个常务委员会与若干下属委员会著称，每一个下属委员会负责一个课程领域的管理与建设，对于担任通识教育课程的教师，可以由委员会邀请或教师本人申请。对通识教育设立独立的管理实体，可以有效提升管理效率，加强通识教育的落实，也有利于教师对学生的进一步了解。

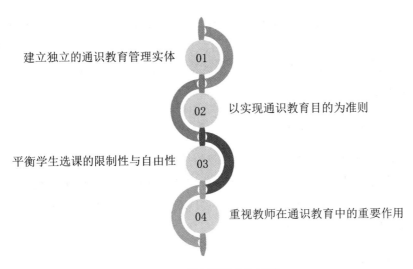

建立独立的通识教育管理实体　01

02　以实现通识教育目的为准则

平衡学生选课的限制性与自由性　03

04　重视教师在通识教育中的重要作用

**图 5-1　通识课程改革创新**

第二，通识教育模式不同于职业教育与专业训练为导向的本科教育模式，其课程结构与框架设定原则要给予学生的知识水平与理解能力，要以实现通识教育的目标为准则。不同高校的通识教育有不完全相同的教学目的，如哈佛大学的核心课程的目的是帮助学生了解在那些哈佛大学教师们认为对于本科教育不可或缺的领域里人类处理知识的主要方式，向学生显示现存的知识和探索知识的形式、所需要的不同的分析手段，这些手段的使用方式，以及它们的价值。南京大学的通识课程教育定位则是"打破专业局限，开阔学生的学术视野，培养文化通感和科学精神"①。课程设置要满足通识教育目标，而且通识课程内部要有一定相关性与完整性，不同的课程共同服务于通识教育目标的实现。

第三，要充分考虑学生选课的自由性与限制性之间的关系。学生选课需要一定的限制性，因为通识课程拥有共同的目标与价值观追求，可以避免学生仅凭一时兴趣冲动选课。实际上，大部分学生选课没有中心，通常根据课程时间安排与学分是否易得进行选课，所学知识杂而无章，无法形成系统结构，因此需要加以限制和引导。另一方面，也要赋予学生一定框架内自由选择课程的权利，满足学生不同的兴趣需求与个性发展。

第四，要充分认识到教师在通识课程教育中的重要作用，通识课程对教师有很高的要求，既需要教师在自己专业领域有深入研究与系统把握，还需要教师具备广博的知识与出色的教学能力，保证课程的专业性与新颖度。教

---

① 吴小英 . 大学人文素质教育新论 [M]. 杭州：浙江大学出版社，2012：151-152.

师要将有价值的知识、思维方式传授给学生，使学生学会组织和分析知识的方法，培养他们独立思考问题的能力，从而使学生成为终身的独立学习者，这些都对教师的个人素养与能力提出较高要求，同时也说明教师在通识课程教育中的重要引导与启发的作用。

## （二）改进课堂教学方法

通识教育要求在课堂教学中突破传统的教学方法，倡导启发式、参与式、互动式、研究式的教学，突出教师的主导地位与学生的主体地位，以充分调动学生学习的积极性与自主性，实现对个体能力的培养。下面介绍几种常见的新型课堂教学方法。

### 1. 团队授课法

团队授课法指一门课程由多名教师共同承担教学任务的一种教学方法，很多交叉性学科涉及多学科的理论知识与研究方法，因此在课程教学中可以从一位教师主讲的形式改为教学团队授课形式。在教学过程中，每位教师就其主讲内容充分发挥自身特长，使学生在学习一门课程时，学习多种学科的知识，这样可以有效拓展学生的知识视野，培养其跨学科学习的意识。此外，一些课程的选课人数较多的情况下，团队授课可以让多为教师共同参与对学生的指导，有效提升教学质量。

### 2. 情境教学法

情境教学法，指在课堂教学条件下，根据教学内容的实际操习与训练需要，创设模拟真实情况的人为情境，并让学生扮演该情境中的某一角色，从事相关角色活动，以达到预期教学目标的一种教学方法，情境教学法有利于将理论知识转换为相应能力。比如设置"模拟听证会"，由学生充当听证双方，模拟司法化听证程序，对参与角色扮演的学生与观摩的学生来说，都可以汲取经验，特别对于参与其中的学生，可以使自己的语言表达能力、逻辑思维能力、组织协调能力与团队合作能力等得到锻炼，并且身临其境可以使学生更好理解其中的运作机制，对之后的学习十分有益。

### 3. 案例教学法

案例教学法，也称实例教学法或个案教学法，指在教师指导下，根据教学目标与教学内容的需要，提供案例组织学生进行学习研究的教学方法，案例教学法的流程通常如图 5-2 所示的四个阶段，比如就业相关的课程中，教师就可以选取校友的创业案例与学生分享，对他们创业中遇到的困难、解决办法等进行讨论分析。

图 5-2　案例教学流程

采用案例教学法不仅可以丰富课程内容，增强课堂教学的生动性，更重要的是可以创设一个良好的宽松的教学实践情景，将现实典型问题展示给学生，引导学生设身处地进行思考与分析，对培养学生的思考能力与创新能力有促进作用。

### 4.活动教学法

活动教学法是指在教学中通过学生主体的活动与主动探索，发展学生整体素质的一种新型教学方法，主张构建一种具有实践性、体验型的教学体系，让学生走出课堂，走近自然与社会，在调研、考察、实验过程中应用知识，提高能力。比如杭州某高校设置"西湖游走与文化解读"的课外活动环节，学生分为不同的小组，选择西湖十景之一进行实地游览，并结合游览素材将自己对西湖人文与自然景观的解读进行分享，这个活动使学生走出课堂、亲近自然，通过自己的亲身经历感受人文魅力，并在活动过程中提升了学生的团队合作能力、审美能力、语言表达能力等。

### （三）将思政理论课改革与人文素质教育结合

思想政治理论课是中国大学的特色必修课程，但是经常受到一些质疑，主要原因是思政教育过于宏观，很少有教师会将其与学生的实际生活和自身成长需要相结合，而以马克思主义为指导的大学思政理论课应该集中体现了马克思主义理论中的人文关怀思想，包含着促进人的全面发展的价值取向。高校的思想政治教育应该始终坚持以马克思主义人文精神为指导，即在思政教育研究与教学活动中，人文关怀应该成为其突出特征，人文价值应该成为其核心价值。

近年来很多学校对思政理论课的教学进行了积极有益的探索，比如加大思政理论课的实践环节比重，规定马克思主义理论相关的必读篇目，这样既不会给学生造成过重的课业负担，又拓宽了人文社会科学的教育渠道，增加了学生的人文知识，使思政理论课程与人文素质教育紧密结合。

还有的高校在"毛泽东思想和中国特色社会主义理论体系概论"的教学中，要求教师从学生看得到摸得着的事实、事件出发设计课堂，启发学生探究现象背后的理论本质，从而揭示马克思主义理论的基本原理，这种改革可以有效调动学生学习的积极性和主动性，对于提升思政理论教学效果与学生学习探究能力、综合素质都有明显作用。

### （四）开展以表达能力为主体的语文水平测试

语文水平测试要从以知识为主转向以能力为主，语文能力特别是表达能力（包括书面表达能力和口头表达能力）是大学生的一项基本技能，也是很多著名大学都十分重视的教学重点，比如康奈尔大学就有"写作与交流"课程、斯坦福大学有"写作"类课程、威斯康星大学有"交流（读、听、讨论、写作）"类课程等，所以，我国的人文课堂教育也要注重加强学生汉语应用能力的培养。

大学语文水平测试是为增强大学生语文水平和母语能力的一种测试，测试需要注意两个方面：第一，试卷设置要灵活新颖，减少记忆内容考核与封闭式试题，增加启发引导性内容与开放性试题；第二，测试之后，针对学生的薄弱之处开设相关课程进行加强。这样有了测试的压力，学生的表达能力会得到锻炼，表达能力的提高对学生之后的学习工作都有积极的作用。

除上述课程改革创新方式之外，最好设置合理有效的测评机制，以保障人文素质教育的真正落实与教育效果，测评是检验课堂效果的最直接直观的方式。当然，测评的方式不限于考试，学生互评、活动参与等都可以作为教学效果的评价依据。随着课堂教学改革的不断深入与评价机制的完善，人文素质教育一定能够引起更多人的重视。

## 第二节　校园文化熏陶

校园文化对于培养大学生的综合素质有着非常重要的作用，已成为传统教育模式向全面素质教育转变的重要途径。校园文化熏陶与课堂人文教学是相互呼应、相互渗透、共同作用的过程，校园文化是课堂教学的补充和延伸，更是人文知识内化为人文素质的外部条件。高校应该建立起完整的、全面的校园文化体系，有计划、有步骤地开展校园文化建设，为大学语文课程的开展与学生人文素质的提升创设全新的环境。

## 一、校园文化与人文素质教育

校园文化是以教师为主导，以学生为主题，以校园为主要空间，以校园精神为主要特征，以课外文化活动为主要内容的群体文化。校园文化是学校教育的产物，同时是学校教育的重要载体，可以对学生产生明显直接的或潜移默化的导向作用。校园文化也是人文素质教育的重要途径，与人文素质教育有着密不可分的关系，如图5-3所示。

图5-3 校园文化与人文素质教育关系

首先，校园文化体现了人文素质教育的人本性。大学生处于精力旺盛、思维活跃、富有探索精神的黄金发展期，是校园文化的创造者，也是校园文化的受益者。广大学生在各种校园文化活动中，通过自我管理、自我教育与自我服务，充分调动自主性与主动性，提升学生对自我的认识与反思。现在的校园文化活动具有较灵活的时间地点选择性与较强的娱乐性和实践性营造出轻松和谐的文化发展氛围，符合当代学生的心理倾向。

其次，校园文化体现了人文素质教育的多样性。校园文化的丰富多样性与大学生个体成长模式和发展方向上的多元性一致，校园文化的领域涉及学术、科技、文化、艺术、体育、娱乐等多个方面，几乎涵盖了学校生活的全部，覆盖到校园生活的每个角落。高校中种类多样的社团学会等就充分说明了大学生校园活动的多样性，也体现出学生对自身综合发展的需求，学生的发展又会起到促进校园文化发展的作用。

再次，校园文化体现了人文素质教育的柔性。校园文化是一种柔性的教化方式，通过丰富多样的文化形式与艺术形式，对学生的思想和行为产生潜移默化的影响。校园文化通过引导、激励、约束、熏陶、协调等手段，作用于大学生群体与个体，再通过模仿、暗示、认同的心理机制，内化为学生人格的稳定组成部分，达到培养高素质人才的目的。

最后，校园文化体现了人文素质教育的延伸性。校园文化对大学生的影响已经不再局限于特定的实践和空间，而是逐步辐射到其他时空。一方面，大学生处于思维活跃的成长期，对于新事物、新思想可以很快接受，通常能够率先将社会上的新文化、新思潮引入校园，丰富校园文化。另一方面，大学生作为校园文化的承载者，会在自己的生活中与未来的工作中传递出校园文化的气息。

总之，校园文化是高校人文素质教育的重要途径，虽然不似在课堂上直接传输知识从而产生立竿见影的效果，但是也在潜移默化中对在校师生的人文素质起到导向、熏陶的作用。因此，高校要重视校园文化与校园文明的建设，积极引进建设先进的高雅的文化，摒弃低俗文化对校园文化的侵蚀，充分发挥校园文化对学生人文素质提升的积极影响。

## 二、校园文化困境

### （一）对校园文化认识不够全面

很多师生对大学校园文化建设存在片面的狭隘的看法，主要包括如下内容。

第一，将大学校园文化等同于课堂教学之外的校园文化活动。需要指出的是，活动只是校园文化的一种形式，校园文化除了动态的活动外，还有静态的部分，除了看得见、摸得着的，还有看不见、摸不着的，如果只将校园文化建设看成唱歌跳舞、琴棋书画、社团活动等文化活动，就弱化了校园文化的内涵与功能。

第二，将大学校园文化建设当作高校思政教育和管理工作的手段之一。许多人谈到校园文化，会将其归为党政工团工作的范畴，这就会导致校园文化建设与学校办学方向和培养目标不一致，只能注意到细枝末节，忽视核心力量的打造，难以发挥校园文化在人文素质教育中的整体效应与熏陶作用。

第三，将大学校园文化理解为大学生文化。的确目前大多数校园文化活动是在校学生的自娱自乐，较少有教师的参与，而且只有某些相关部门和学院的教师会参与校园文化活动。校园文化应该是全体在校师生与教职员工共同参与建设形成的，只有全员参与，校园文化才能覆盖到更多人，实现更加全面的文化功能。

对大学校园文化认识的不足，导致校园文化建设缺乏规划与有效落实。

校园文化建设是一个长期的系统工程，只有日积月累，才能形成独特的校园文化。人才培养、师资队伍建设、学科建设等都有可行的规划，校园文化建设的规划也应该受到应有的重视，做到规划合理、落实有力，使相关部门形成合力，加强交流沟通，共同打造大学校园文化。

### （二）价值主体追求的不和谐

大学校园文化的建设主体有三：学校领导、教职员工、在校学生，他们既是校园文化建设的主体，也是校园文化建设的客体，既是大校园文化的创造者，又是校园文化的接受者，既产生有形的工作学习文化，又产生无形的情感文化。但是，建设主体彼此往往缺乏共同目标与价值追求，成为大学校园文化建设中的不和谐因素。

于学校领导而言，领导者应该是大学校园文化建设的策划者和引导者，领导者的思路、理念在很大程度上决定着校园文化的方向和地位。但是在高校之间的竞争压力与其他外部压力下，学校领导会选择更加关注学科建设、学术研究、社会服务等硬实力上，对校园文化的软实力建设往往心有余而力不足。

于教职员工而言，大学教师本应该是大学校园文化建设的主导和主力，但是现实中教师的精力主要用于授课、学术研究，成为大学校园文化建设的旁观者，特别是理工类教师，极少参与校园文化建设，教师的力量没有得到充分发挥，大大降低了校园文化的影响力。

于在校学生而言，大学生是大学校园文化的主体，今天的大学生既要面对学业与就业的压力，又要面对以网络为代表的各种娱乐的诱惑，对多数大学生来说，"工具理性"是大过"价值理性"的，他们对校园文化活动缺乏兴趣与追求，更不会主动参与校园文化建设。

### （三）校园文化的不良倾向

校园的主流文化应该具有较强的思想性和教育性，是健康向上、趣味高雅的，但是由于外界影响与校园文化主体的差异，校园文化日益体现出复杂性与多元性。

一方面校园文化更加富有激情与活力，比如网络给学生的学习交流、了解世界打开了方便之门，学生为了增强自己今后的竞争力而努力学习，呈现出好学向上的求学氛围。另一方面，功利主义与低俗文化也随之而来，网络世界的虚拟性与匿名性常常导致道德失范现象的出现，学生受其影响也会产生某些不良道德倾向，此外网络文学的低俗化、快餐化，对学生人文素质的提升十分不利。

对正处于价值观形成关键时期的青年学生而言，校园文化会在潜移默化中影响学生的成长，如果校园文化中的不良因素过多，对学生的身心发展都有不利影响。

## 三、校园文化建设路径

文化是人类在自身活动过程中逐渐演化形成的生存方式，对其中的个体的生存产生决定性影响，校园文化也是如此，它决定着学校师生的素质。良好的校园文化环境有助于培育良好的人文精神与人格素养，是促进大学生全面发展的重要助力，也是大学软实力的一部分。

如何建设校园文化并发挥其在人文素质教育中的作用？

第一，突出校园文化建设在大学发展中战略地位。对一所大学来说，校园文化是其内在生命力，校园文化对大学的凝聚力和创造力都有着深刻的影响，是学校软实力的核心。对外部而言，大学校园文化承担着大学作为社会灯塔与精神家园的作用，应该是民族文化、时代文化、创新文化的结合与发展导向。因此，校园文化建设不仅仅是高校思想政治教育和管理工作的手段，更是大学发展中的重要甚至关键的一环，要将校园文化建设纳入学校改革发展的总体规划中，像重视教学科研一样重视文化建设。

第二，加强对校园文化的思想引导。大学校园文化是时代文化的先锋，但是在今天的大学校园中，各种流行时尚的大众文化比比皆是，许多学生受到纷繁的文化景象的迷惑，在看似繁华的文化中迷失了对先进文化的追求。当代大学生要关注对时代的思考，对社会文化做出独立的判断，有思考与判断就不会盲目，这样才能提升整体校园文化的品位。如果校园中充斥太多社会化的、功利性的文化，那么大学便失去了社会思想文化导向的作用，而且在通俗文化中很难培养出真正的高素质人才。因此，高校要倡导严肃、高雅文化，开展相关文化建设与学术研究活动，提升学生的人文素质与专业能力，形成良好的人文环境与学术环境。

构建富有时代特征的校园文化、建设和谐校园是当代大学生的共同任务。校园文化要坚持社会主义先进文化的发展方向，遵循文化发展的规律，通过各种丰富多样的校园人文活动引导学生的思想行为方式，培养学生的综合素质，提高校园文化的影响力，进一步提升大学生的思想认识水平。

第三，充分发挥教师群体在校园文化建设中的主导作用。校园文化是群体文化，需要群体中的每个个体参与建设，这个群体并不仅仅包括学生，还包括校园里的教师、职工、学校领导，所以要调动每个个体建设校园文化的主动性，充分发挥教师群体的主导作用。在校园文化系统中，学生是校园文化的主体，教职工是校园文化的主导者，学校领导是校园文化的倡导者，它们以不同的文化人群身份，创造着不同的文化，构成校园文化的各个重要组成部分。

一方面，大学教师是大学校园文化的主要创造者与传播者，与学生相比，这个群体更加稳定坚定，是学校理念的主要践行者。另一方面，大学的校园文化又造就了教师群体的文化形象，教师身处大学校园文化环境中，不断受到其感染、熏陶与通话，在思维、行为、情感、价值等方面都会留下校园文化的印迹。这样教师与校园文化互相影响，共同发展创新，教师在校园文化建设中积极作用不容忽视，特别对于青年教师，要尽快使他们生成对校园文化的认同感与归属感。

第四，重视校园文化的个性培养。文化需要长期积淀，也需要有意识地进行引导与培育，校园文化培育的一大重点就是个性凸显，有个性的大学是高等教育中一道亮丽的风景。比如英国最古老的两所大学，牛津大学与剑桥大学齐名，但是牛津大学更加雍容富丽，有王者风范，而剑桥大学泽一韵味幽雅著称，有诗人风骨，这就是两所大学的校园文化不同而使人们产生的不同印象。高校不仅要加快自己的特色学科建设，更要注重校园文化特色建设。

第五，增强学生社团活力。学校社团是大学生人文素质教育的新载体，在学生自主教育的新平台，以兴趣为纽带组织开展的社团活动正在成为校园文化建设的重要组成部分，可以说，学生社团占据了校园文化的"半壁江山"，社团以其独特的魅力、多样的活动充实学生的课余生活、陶冶学生的思想情操、引导学生的社会实践。

在高校，有很多语文相关的社团，如文学类社团、传统文化类社团、演讲类社团、历史类社团等，这些社团的各种活动都有利于校园文化的建设。同时，社团的实践活动有利于高校发挥文化辐射作用，如文化下乡活动、社团进社区活动、文学艺术采风活动等，都可以有效促进大学与社会的互动，引导学生不断提升自己的综合素质。

第六，拓宽大学生活动阵地。大学生活动是大学校园文化的重要组成与体现，为大学生素质提升增添助力。很多高校都会开展一些有特色的学术活动，比如开设专题学术讲座、开展读书研究、鼓励学生创办校园刊物、鼓励学生开展科技创新活动、举办学科竞赛等，这些都可以提升学生的学习热情与创新能力。大学语文学科也有很多相关活动，如人文讲座活动就是近年来广受好评的校园文化建设阵地，成为提升学生人文素质的重要窗口。随着人文素质教育工作的深入，相关活动在内容质量上也日益提高，对人文知识普及与校园文化建设产生越来越深刻的影响。

从大学语文的视角来看，校园文化活动不仅丰富了学生的课余生活，很多活动中都有语文的影子，各种文化活动、艺术活动都属于大学语文的欣赏范畴，通过这些校园活动，可以使学生在丰富多彩的形式中，将大学语文的课堂知识与校园文化的第二课堂结合，深刻感受大学的人文魅力，并在校园文化的熏陶中提升自我。

# 第三节　社会实践强化

社会实践素有高校"第三课堂"之称，随着高校实践育人的理念逐步强化，进一步加强高校实践育人工作，对不断增强大学生服务国家服务人民的社会责任感、勇于探索的创新精神、善于解决问题的实践能力，有着重要的作用。高校实践育人的主要形式包括实践教学、军事训练、社会实践活动等，从大学语文视角来看，实践育人更多采用社会实践这种形式来推进人文素质教育。

## 一、社会实践对人文素质的提升

社会实践活动对任何专业背景的学生来说都是十分必要的，每位学生的所学都是要在提升自我的基础之上奉献于社会的，本质上，大学生的社会实践是一种使改造客观世界与主观世界相结合并实现互动发展的一种教育互动，体现在参加社会实践的大学生身上，改造客观世界是途径或手段，改造主观世界才是根本目的。

通过广泛的社会实践活动，能让大学生以自己所学服务社会的同时，看到自己身上的优势与不足，形成对自己的更加全面客观的认识，从而在今后的学习与实践中有意识地进行提升。对大学语文学习者来说，社会实践活动是很好的将语文教材与课堂上的知识与社会实际相结合的途径，帮助学生明白语文学习的意义与用途，改变自己对语文学习的认识，并提升自己的人文素质。

社会实践活动对学生人文素质的提升主要体现在如图 5-4 所示的几个方面。

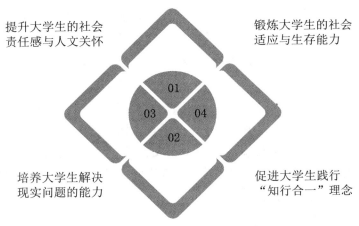

提升大学生的社会责任感与人文关怀

锻炼大学生的社会适应与生存能力

01
03　04
02

培养大学生解决现实问题的能力

促进大学生践行"知行合一"理念

**图 5-4　社会实践活动的人文素质教育作用**

社会实践活动可以提升大学生的社会责任感与人文关怀。很多大学生会在学校组织下或自发地参与各种社会实践活动，这其中较多的是在农村地区、偏远地区进行社会调研、支教活动等，通过这些社会实践活动，可以在与人民群众的接触交流中增加与社会民众的联系和情感，体会到社会发展的不均衡，从鲜活的生活中受到深刻的教育与启发，进而提升自己的社会责任感。

同时，青年学生是极富有爱心的群体，他们的许多实践活动都体现出浓浓的人文关怀，比如关注环境问题、留守儿童问题、农村教育问题等，在对这些问题的调查过程中，可以进一步提升大学生对全社会的人文关怀，只有关注人的发展，才是关注社会的发展。

社会实践活动可以培养大学生解决现实问题的能力。现在的很多大学生社会实践活动通常是发挥学生的专业特长，或者针对大学生普遍关心的问题开展调查研究。比如法律专业学生开展关于司法改革研究、法律普及等选题的科研活动，教育专业学生则围绕现代教育改革、学生能力培养等主题进行研究，汉语专业学生更关心当今国际形势下汉语的未来发展等。通过这些对社会问题的研究，鼓励学生思考解决这些问题的对策，形成对社会热点、难点问题的正确认识，有助于学生分析社会问题与解决现实问题的能力，成长为对社会有用的人才。

社会实践活动可以锻炼大学生的社会适应与生存能力。大学生的社会适应标准应该包括和谐的人际关系、符合社会要求、能够发挥自己的才能与良好的择业心理。社会实践活动与传统的校园学习最大的不同在于其社会性，社会实践活动可以帮助大学生完成学生身份的转变，锻炼其在现实社会中的适应能力与生存能力，只有适应社会需求，才能在今后的工作中发挥自己的才能，为社会创造价值，也使自我价值得到实现与提升。

社会实践活动可以促进大学生践行"知行合一"的理念。"纸上得来终觉浅，绝知此事要躬行"，从书本中获得的知识终究是有限的且理解不深刻的，只有亲身实践，将书本知识与现实社会相结合，才能真正领悟学习的意义和价值。专业技能的应用相对直接，通识类课程如大学语文的应用则需要学生有一定的社会实践经验与较高的人文修养，将人文知识与社会生活结合，可以帮助学生从更高的层面看待社会中的问题，感受人文知识与人文精神对社会发展的促进作用。

## 二、社会实践的问题与改进

社会实践是检验大学生价值认知与能力的试金石，也是大学生快速成长的有效途径，目前很多高校都有社会实践的相关活动组织，不过整体来看，依然存在一些问题。如何打通高校与地方联系的畅通渠道、如何拓展大学生社会实践的渠道、如何调动学校与社会对大学生实践活动的重视与积极性等，都是需要讨论解决的问题。

### （一）制度机制

目前很多大学的社会实践活动缺乏统一有效的管理，在组织结构、工作落实、奖惩制度等方面不够完善，导致社会实践活动有较大的随机性，不够科学也难以持续。比如通常社会实践活动是由高校团委负责，但是社会实践是一项复杂的教育活动，只靠团委的力量是远远不够的，还需要多个职能部门的指导与监督，有效的顶层设计的缺乏限制了社会实践效果的发挥。

今天的大学生实践活动，已经从学校、学生的单向行为转变为社会多边的互动行为，因此，学校与政府、企业要积极合作，共同商讨合理可行的实践机制。一方面，学校要结合当地经济、社会、教育等具体现实，确定具有可行性且具有切实社会价值的课题，并将相关活动理念、活动要求、活动奖励等宣传到位。另一方面，政府与企业也要积极配合，为学生的实践活动提供必要的基础和保障。只有多方共同发力，高校学生的社会实践活动才能可持续进行，并源源不断为社会培养兼具理论知识与实践能力的高素质人才。

## （二）教师指导

教师是社会实践的重要资源之一，有高水平的教师指导才能有高质量的社会实践活动。不过，很多教师的教学、科研任务都比较繁重，而且存在发表论文、评职称等现实压力，没有过多精力和时间对学生的社会实践活动进行系统、科学、细致的指导。此外，很多实践活动是在学校或学院组织下的自发活动，通常经费不会太多，指导教师也基本没有相应酬劳，这就导致学生的社会实践活动无法得到多数教师的帮助，指导教师一般局限于团委、学生处、宣传部、人文社科学院，这大大影响了大学生社会实践活动的质量与最终效果。

社会实践活动要充分利用教师资源，在活动策划与实施的每个环节都取得相关教师的支持与指导，指导教师的可以是思政教师或辅导员，也可以是专业教师或社团辅导老师，并且给予实践活动带队教师一定的奖励或表彰。学校要想改变教师指导不力的现状，可以从以下方面进行改进：

（1）将教师指导大学生实践活动纳入学校整体教育计划，鼓励教师指导学生社会实践，并采取措施保证教师指导质量；

（2）帮助教师明确大学生活动对培养人才的重要作用，提升教师参加大学生活动的积极性；

（3）充分发挥教师专业特长，将大学生活动与教师的教学科研内容结合；

（4）将教师指导大学生社会实践活动计入工作量，给予政策倾斜与奖励表彰。

## （三）学生参与

社会实践活动日益引起大学生的关注和兴趣，但是与学生总数相比，参与社会实践活动的大学生数量非常有限，而且很多活动都无法传达到位，导致社会实践的机会多集中在少数学生干部中，广大学生参与社会实践活动的需求被忽视。另一方面，由于课业原因，通常社会实践活动会安排在寒暑假期间，一些学生由于各种原因不愿意在假期参与活动，这也导致一些活动无人问津而不得不取消，这主要是由于学生并未意识到社会实践活动的积极作用，只想完成学业，而不思能力提升。

要提高学生参与社会实践的热情，首先要使学生认识到实践活动对自身素质的提升，特别的文科类学生，一定要重视自己所学内容对社会的作用，只有从思想上重视实践活动，才能在行动上积极起来。其次，学校相关部门对社会实践活动也要十分重视，否则无法自上而下带动学生参与的热情，比如可以采取班级群通知、校园公告等多种宣传方式并行，做到传达到位。最后，成功的实践经验要积极分享，使学生可以直观认识到社会实践活动的价值。

### （四）活动经费

要使大学生社会实践活动得以广泛、深入开展，必须投入足够的活动经费，但是基于很多现实因素，这方面的经费通常比较拮据，这就导致无法按照计划放手去做，项目实施、人员参与等都会受到限制。随着社会实践活动的日益深入，经费审批难、监管难也成为新的难题。

因此，必须探索社会实践活动经费筹集的新模式，要改变以往单一的由学校或政府部门提供经费的模式，否则只会将活动限制在相关部门关注的领域中。可以采用政府支持、社会筹集、自主经营等多种方式筹集经费，积极开源，改变活动项目处处受限的情况，使大学生在社会实践活动中更具自主性。比如北京大学山鹰社曾经就由国内一家网站提供了活动的经费支持，山鹰社将他们活动的文字、图片等资料给予这家网站独家刊载，这样网站就以不多的投入获得了极佳的宣传效果，并且树立起良好的企业形象，同时学生活动也得以顺利进行，成为学校与企业双赢的典范。

社会实践活动要积极整合来自社会的资源，将学生的单向行为转变为学校与社会共同进行的双向行为，这样学生活动可以得到充足的社会资源保障，其活动成果也可以更直接迅捷地作用于社会。需要注意的是活动经费的积极筹措，并不意味着经费的滥用，在实践活动中也要做好经费使用的记录与监管工作，既能使学生利用经费真正做实事，也避免出现浪费或纠纷。

### （五）社会支持

于广大高校师生而言，不论是否参加社会实践活动，活动的重要性都是不言而喻的，但是于全社会而言，对大学生社会实践活动的认同度与支持度并不高，无法获得社会的广泛支持，这在一定程度上挫伤了学生参与社会实践活动的热情与积极性。一些学校的实践活动基地不稳定甚至出现没有实践基地的现象，这也与学校和师生在实践活动中的表现有关，因此，学校要重视学生的实践活动，社会上的相关组织也要给予学生活动较大的支持与包容。

大学生社会实践活动是具体的活动，但是绝非一次性活动，如果学校与社会不能做到合适引导，很容易流于形式。为使大学生社会实践活动实现可持续化、规范化、制度化与规模化，一定要从地方发展需要与学生成长需要出发，建立相对稳定的大学生社会实践活动基地，达成学校与社会的合作共赢。

# 第四节　网络平台历练

马克思在《资本论》中指出，"各种经济时代的区别，不在于生产什么，而在于怎样生产，用什么劳动资料生产。"今天的信息社会与农业社会、工业社会的根本区别就在于信息处理与传播方式的不同。互联网的发展对当代大学生的生活方式与思想观念都产生了深刻的影响，传统的教学思维与方法在今天也面临严峻挑战。教育也要做到与时俱进，善于利用网络平台进行大学生的人文素质教育，以信息化手段推进人文素质教育，以解决互联网技术促进学生发展由阻碍学生提升的矛盾。

## 一、网络对大学生的双重作用

网络是把双刃剑，互联网的突出特征就是信息的海量传播，而这些信息又真假难辨，对大学生的行为与思想都会产生正面与负面的影响；另外互联网也改变了生活与学习方式，使生活与学习都更加便捷。网络对大学生的作用主要有如图5-5所示的几个方面。

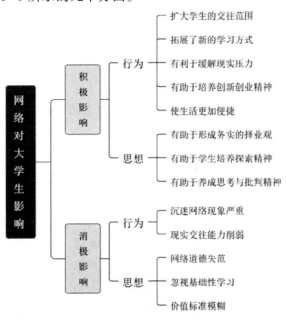

图5-5　网络对大学生的影响

首先，网络时代使每个人都淹没在信息海洋中，而通常无法分辨信息的真假与有效性。因此，网络极大地丰富了大学生的视野，使他们可以跨越时空了解许多不同的知识，但同时这些信息的碎片化又占据了大量时间。此外，新媒体时代的信息更趋于娱乐化、浅显化甚至低俗化，网络大数据推送功能与游戏娱乐功能，在使大学生了解自己感兴趣的内容与娱乐消遣之外，还极易造成沉迷网络现象。

其次，层出不穷的网络交流平台度大大拓宽了学生的交流边界，在网络上有更大概率遇到与自己有着相同兴趣爱好和共同话题的人，可以利用网络平台进行交往与交流。与之相对的，许多学生在网络世界与真实世界中反差过大，将过多精力投入网络世界，往往导致现实生活中的人际交往能力被严重削弱。

再次，现代互联网最为人所诟病之处在于言论的过度自由。一方面，每个人都有发表自己意见的权利，学生可以在网上与人讨论交流，互相学习。另一方面，网络世界存在严重的道德失范现象，一些人以虚拟世界为保护伞，传播扭曲价值观，而且互联网的开放性也使多元价值观涌入网络世界，传播到互联网另一端的用户，这对价值观形成时期的大学生而言无疑是十分不利的。

最后，互联网是很好的学习平台，在网上可以找到几乎任何领域或专业的教育资源，学生可以通过网络进行自主学习，了解多元文化知识、强化专业知识。但是过度依赖网络学习，会导致学生对课堂学习、基础性学习的不重视。

以上列举了部分网络对学生带来的各种影响，可以看出，互联网的每一面都是利弊共存的，如果教育还忽视网络对学生的影响，只能导致学生更加迷惘甚至生成错误的价值理念。因此，不但要在教学中利用互联网技术，更要针对互联网开展媒介素养教育。

## 二、网络媒介素养教育

媒介素养是人在全媒体时代应该具备的基本人文素质之一。媒介素养教育源于 20 世纪 30 年代，80 年代后开始初具规模，成为许多国家学校课程的一部分并逐渐成为终身教育的一部分，在一些发达国家已经形成比较成熟完善的媒介素养教育体系。我国大学生的媒介使用程度非常高，但是媒介素养并未保持与之一致的水平，因此迫切需要开展媒介素养教育，以倡导学生自觉遵守网络文明公约，增强对网络信息的辨别能力与对网络不良文化的抵抗能力。

从形式上看，网络媒介素养教育有两种途径：一是构建科学合理的媒介素养课程体系，通过课程教学、讲座、沙龙等形式，引导学生直接掌握相关媒介知识与基本素养；二是将校园网络作为大学生参与媒介实践活动的平台，使学生通过身临其境的网络实践活动，成为媒介活动的主体，并从中学习、感受媒介素养。

从内容上看，网络媒介素养教育主要包含如图 5-6 所示的几项内容。

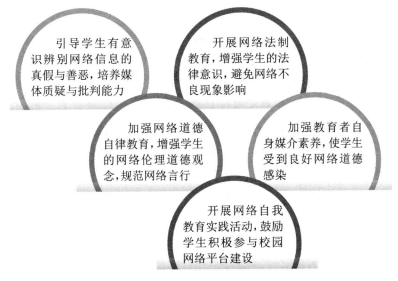

**图 5-6　网络媒介素养教育内容**

第一，媒介素养教育要教会学生辨别网络信息。在今天的网络世界中，真实信息与虚假信息、全面信息与片面信息、有价值信息与无价值信息等交织在一起，只有对这些信息进行准确分辨与把握，才能充分扬长避短，培养自己对网络社会的责任感。媒介素养教育要培养大学生对信息的质疑与批判能力，使学生真正成为媒介的主人。

第二，媒介素养教育的重点是网络道德自律教育。现实中的一般道德准则在网上依然适用，但是由于网络世界的虚拟性，且目前网络的不道德行为几乎不会导致对行为人本人的不良影响，因此容易导致网络道德意识的不足，因此要加强网络道德教育，而且正是由于其虚拟性，网络道德对使用者的自律性要求要比现实世界更高。要注重加强网络道德教育，打造健康的网络文化氛围，使广大学生时刻遵守道德标准。

第三，媒介素养教育离不开网络法制教育。虽然互联网用户的具体行为方式与传统现实社会有所不同，但是网络言行依然处于人类社会中，因此依旧要受到法律的制约，"网络不是法外之地"。近年来，对网络诽谤、网络诈骗、网络暴力等行为的处罚也使更多人意识到网络法制的重要性，网络法制教育可以引导学生正确、健康使用网络，使网络成为提升自我的途径之一。

第四，媒介素养教育也需要实践活动。大学生可以通过网络实践开展自我管理、自我教育与自我服务活动，这也是网络思政教育的一部分。实践活动包括：

（1）引导网络舆情，反驳不良信息，传播正面声音；

（2）安排校园网络各版块负责人，对其负责版块内容的合法健康负责；

（3）进行网络安全健康，对有害信息做到早发现、早反馈、早处理。

第五，媒介素养教育要注重加强教育者自身的媒介素养。教育者是人文素质教育的主要实施者，对人文素质教育效果起到直接的关键的作用，因此，要组建意指有着丰富人文知识与人文精神、熟悉网络文化并善用网络工具的网上教育工作者队伍。教育者要在学习现代互联网技术的同时，不断更新完善自己的知识结构，给进行网络学习的学生树立榜样。

总之，媒介素养教育是大学生人文素质教育的重要组成部分，也是现代学生从事任何学习、工作都必不可少的部分，良好的媒介素养教育可以提升大学生对媒介传播信息的分辨能力，并自觉抵制不良信息的影响。掌握一定的媒介传播知识与媒介素养，可以提高学生的综合素质，有利于学生更好地参与各项公共事务。

媒介素养不仅是个人的财富，更是一个社会的财富，关系到一个社会政治、文化、经济、科技，乃至文明程度的良性发展，是我们社会中每个人必备的生存本领[①]。因此，不仅需要学生与教师的努力，社会、家庭、学校要形成合力，为当代大学生创造良好的网络学习环境，学生也要注意自己的网络素质，带动良好的网络环境的形成。

## 三、网络与人文素质教育

### （一）网络在大学教育中的功能

网络已经延伸到生活、工作的方方面面，在大学教学中，合理利用网络

---

① 张开. 媒介素养概论 [M]. 北京：中国传媒大学出版社，2006：99.

可以辅助教师教学、促进学生学习，各高校都设立了属于自己的校园网站，网络在大学教育中实现的功能主要有如图 5-7 所示的三个功能。

教育平台功能

交流平台功能

服务平台功能

图 5-7　网络在大学教育中的功能

第一，网络具有教育平台功能。与其他社会网站相比，高校网站的显著特点就是具有教育功能，特别是很多高校都建立了思政网站，肩负着宣传马克思主义思想、宣传社会主义核心价值体系的任务，通过网络引导、教育学生。并且学校可以借助网络平台，精心设计、组织各种形式新颖、内容丰富的思想政治、文化学术、文娱体育等网络专题活动，通过线上线下结合，使大学生在参与活动过程中接受教育。

第二，网络具有交流平台功能，网络媒体与传统媒体的重要区别就是网络的互动性。为增强与学生的交流互动，倾听学生的心声，许多高校在校园官网之外，还开通了微信、微博、论坛等，作为与学生进行交流的平台。学校可以在加强正面引导的同时，及时收集汇总网络舆情信息，为学校的各种决策和有效教育提供依据。

第三，网络具有服务平台功能，为解决学生在学习、生活中遇到的问题，学校的网站、论坛等会提供讲座信息、电脑医院、学术交流、招生就业、心理辅导、失物招领等服务，为学生提供实际的帮助。

## （二）大学网络教育的困境

高校在网络教育方面做了很多努力，但是互联网发展日新月异，学生的精神需求也更加多样化，大学网络教育还存在以下问题。

第一，单一灌输多，双向多向互动少。网络以信息数字化为基础，包含音频、视频、文字、图像等多种方式，信息传播速度更快，内容更具冲击力与震撼力。目前高校的教育网络平台普遍存在版块少、内容少的状况，更新速速慢，对社会问题敏感度低，原创性较少，未能紧密结合当代大学生的思想行为动态与心理特点，无法满足广大学生的多元化需求。

第二，思政教育色彩浓厚，人文教育色彩淡薄。21 世纪以来，高校开始探索思政教育与网络结合的模式，强化网络引导，为思政教育服务，因此，网络教育更多是从学校本位出发，考虑到维护校园安全稳定的需要，带有传统教育的刚性痕迹，显性说教多，隐性熏陶少，思政教育多，人文教育少。网络教育也要以学生的全面发展为出发点，以完善学生人格为宗旨，以发挥学生主体性为途径，进一步解放思想、发展个性，通过开阔的人文视野与生动的人文方法引导学生加深对于现实问题的理解。

第三，学生群体网络参与度高，教师群体网络参与度低。目前网络教育缺乏吸引力与感染力的原因之一，就是教育者的转型跟不上网络发展的速度，导致教师要应对网络中的各种挑战，相比之下，学生对于网络的接受度更高，这就导致师生在网络世界中发展的不平衡。而且，教师使用网络多是了解新闻、查阅资料等，较少参与网上讨论、网络娱乐等，而学生参与网络活动的方式多种多样。

### （三）人文素质教育与网络教育

#### 1.人文素质教育网络化

在高等教育网络化的时代背景下，传统大学都在向着双元制模式过渡，很多大学都在努力使自己变得更加开放、灵活，除了现实世界的校园学习之外，积极提供网络远程教育。开放式远距离教育也为人文素质教育带来了更多的机遇，人文素质教育要借助信息化手段焕发生机。

首先，人文类学科教师可以制作便于开放式教学的课件。这些课件不应该是传统学校课程的翻版与照抄，而要符合网络学习的特点，特别是充分发挥网络媒体、文字、图画、音像多功能表现的有事，传达出人文学科只是的精彩。很多文史哲类的传统人文经典作品，也先后出现了覆盖面更广的网络读本，便于师生进行开放式教学。

其次，可以建立在线的人文课堂、人文讲坛等教育阵地，实现教育资源的共享。教师可以通过在线课堂与学生进行双向交流，学生可以向教师请教，教师也可以针对学生的问题进行答疑解惑，或者对学生的作品、想法等进行点评分析。这些教学互动既可以一对一进行，也可以一对多、多对多进行，使更多人在交流中碰撞思想的火花。

最后，可以建立有质量、有层次、有特色、有趣味的人文素质教育专题网站。充分把握大学生网络社区成员同质性强的特点，通过构建网络人文

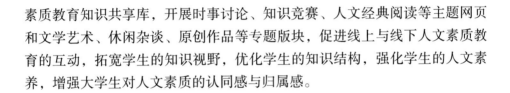

素质教育知识共享库，开展时事讨论、知识竞赛、人文经典阅读等主题网页和文学艺术、休闲杂谈、原创作品等专题版块，促进线上与线下人文素质教育的互动，拓宽学生的知识视野，优化学生的知识结构，强化学生的人文素养，增强大学生对人文素质的认同感与归属感。

2. 网络教育人文化

不仅人文教育要与网络结合，网络教育也要注重人文素质教育的渗透。

第一，网络教育要贴近大学生的思想与心理特征。当代大学生群体开放程度高、思想变化快、个体意识强，观点更具主体性与多样性，他们的想法可能不会反映在课堂上，而是出现在微博、微信朋友圈等网络交流平台上，这些都可以成为了解当代学生思想动态变化的窗口，以便于即使掌握信息、了解情况，对学生进行积极引导。因此，教育工作者要学会通过网络贴近和了解大学生，并将思政教育理论、人文素质教育内容等融入大学生的日常生活中，深入到生活细节中，潜移默化地滋养学生的心田。

第二，网络教育要营造师生互动交流的氛围。一方面，要积极调动各方力量，开设多种形式的师生在线交流平台，引导师生共同参与学校网络文化建设。另一方面，传统的说教式的宣传教育套路要加以改变，参照现代网络中的人际结构模式，开展主体间平等的、双向的交流。此外，教师要努力接受新鲜事物，学生也要从教师身上学习专业知识与人文素质，做到网络教育的教学相长。

第三，网络教育要把解决实际困难与解决思想问题相结合。现代大学生对网络的依赖度很高，他们利用网络完成交友、购物、娱乐、学习等，因此，学校网站也要大开方便之门，提供尽可能便捷的在线服务项目，将一般性校园网站升级为集教学、管理、教育、服务、宣传等于一体的网上社区。这样，学校网站可以实现以下功能：为广大师生的教学提供帮助、为广大师生提供思想与情感交流的平台、对校内外热点问题及时进行解读与正确引导。

总之，大学语文虽然看似只是一门课程，但是教师与学生都不能将其局限于课堂与书本之中，而要积极将大学语文与人文素质教育相结合，使学生在学习语文知识、提高语言能力的同时，人文素质得以提升，这对任何专业的学生而言都是十分有益的。

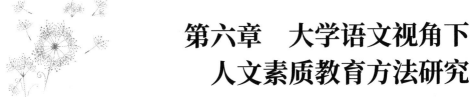

# 第六章　大学语文视角下
# 人文素质教育方法研究

# 第一节　经典阅读与中西结合

语文的重要学习方法之一就是经典阅读，这也是人文素质教育的基本途径。阅读范围不仅要包括中国传统文化，也要包括西方人文经典著作，这些经典作品是历史遗留下来的宝贵精神财富，体现着深层的价值建构，影响着学生的价值观。

## 一、经典阅读

什么样的著作可以称为"经典"呢？简单来说，至少要具备两个条件：第一，思想内容具有原创性与独特性，在某个领域中具有典范价值；第二，在一定范围内产生过深刻且长远的影响，不断被不同时期不同地区的人们阅读、讨论，是很多新思想的源泉。

经典作品不局限于通常说的"名著"，如"四大名著"、莎士比亚作品等，这些作品承载了很多传统思想、价值观念，具有深远的教育意义与人文价值，因而不论学习什么专业都需要对这些有所了解。经典作品还可以包括某一领域的学术著作，比如高等教育领域中就有纽曼的《大学的理想》、克尔的《大学的用处》、博克的《走出象牙塔》等，这类学术著作就是专业学习者的必读之物。

美国教育家赫钦斯曾大力推进名著阅读，并且"传奇般地使'名著阅读'蔚然成风，成为广泛影响美国社会精神进程的、千百万人参与的文化运动"[1]。赫钦斯指出，"一个有教养的人知道他正在做什么和为什么这样做"[2]，今天的大学生普遍不明确自己为什么读大学，不清楚在大学学习的东西有什么用，更没有清晰的人生规划或方向，要想使他们摆脱这些困惑，就需要给他们人生的启发与引导，使他能够认识到人生的意义与人性美好的价值。

---

① 夏中义．大学人文教程 [M]．桂林：广西师范大学出版社，2003：13．
② （美）罗伯特·M·赫钦斯（Robert M.Hutchins）．美国高等教育 [M]．汪利兵，译．杭州：浙江教育出版社，2001：25．

赫钦斯坚信，对人生价值的最好阐释就出自各种传承千百年的世界名著，在不朽的经典面前，现在人们所说所想的东西几乎没有新鲜的，都是前人曾经反复探讨并给出答案或思考方向的。比如通过阅读牛顿的《自然哲学的数学原则》可以了解近代科学的基础，通过阅读苏格拉底的对话会发现今天人们关注的问题与那个时代没什么本质区别。

经典阅读有着怡情的作用，这是因为古今中外的经典作品都与现实的功利世界隔着一段距离，阅读这些书可以使人们在喧嚣的世界中暂时将心情平静下来，更加通透地思考人生，是一种美的熏陶与享受。在经典阅读过程中，读者可以将其中出现的现象、问题等与自己实际生活中的亲身经历或所见所闻相结合，帮助自己更好地理解经典的内涵，并且通过经典阅读丰富自己的见识，对现实中的很多问题可以借鉴前人的思考与经验，使自己可以更加从容面对现实。

此外，经典阅读对于一个人的待人处世也有一定影响，经典阅读并不是某个专业的人才需要的，而是所有人共同需要的，经典作品的阅读可以提升一个人的素质，使人远观周览，在待人接物方面臻于完善。人类文化发展至今，留下了十分丰富的文化宝藏，而经典阅读则是每个人通往这座文化宝库的必经之路。

经典阅读并非易事，美国学者阿德勒曾告诫读者——不要期望在第一次阅读时就能很好地理解名著，甚至也不要期望经过多次阅读就能完全掌握它们。名著的难度要求人们反复去阅读，这需要耐心和毅力，要求精神上的努力"，比如恩格斯曾赞叹黑格尔哲学的理论理论在于它的"巨大的历史感"，黑格尔的《逻辑学》《哲学史讲演录》等著作中深邃的思想性与宏大的历史性绝不是读者一时半刻就可以完全领会的，但是这些作品为人们提供了获得智慧与理解力的机会。经典阅读活动更不应该局限于求学阶段，而是要贯穿一生的。

另外，经典作品不是实用性知识，因此"见效慢"，需要长期坚持阅读，张其昀先生在《读书方法》中说"其助力如水流冲石，势甚缓和，要经过若干时日，纹痕才能显著"。经典作品对思想的改变不是一蹴而就的，只有当用到其中的知识或思维方式时，才能察觉自己受到经典的影响，这种影响往往要一定时间之后才能表现出来。经典作品的阅读，就像与古今中外的智者进行对话，可以不知不觉中提升自己的精神境界。

## 二、中西结合

中西结合指人文素质教育要充分挖掘并整合中国文化与西方文化中的精

华，以获取人文教育的素材。在大学语文的教材中，以中国传统经典作品为主，现当代作品与西方作品较少，传统作品固然重要，也不能忽视对其他领域作品的学习。

大学语文教育承担着传承民族文化与发扬文化传统的责任，帮助在现代生活中渗透传统文化的精神，从而建立起属于自己的文化认同，同时，这种文化认同的建立需要有兼容并包、海纳百川的胸襟，也就是钱钟书提倡的古今中外的打通，"打通"的目的就是创造扎实的学术基础、健全的人格以及有趣味的文化生活。

在了解传统文化、确立自己的文化身份之后，要鼓励文化多元，培养学生的国际视野，特别是在全球联系日益紧密的今天，学生更要接受语文教育、人文素质教育，并在学习的基础上了解文化多元对文化发展与社会发展的意义。

因此，中国的人文素质教育也要关注西方通行的现代科学教育与通识教育，注重引导学生主动发现不同学科中的人文性，学会欣赏国内外不同名家的人文论述，开发具体学科中的人文内涵，可以有效培养学生的人文精神。人文内涵并不是只有中国传统文化，而是要将中西方所共同提倡的人文品质置于现代学科教育框架之内，使人文内涵作为专业教育活动的有机构成要素被学生吸收。

### 三、当代大学生的阅读取向

随着互联网技术与新媒体技术的发展，包括大学生在内的许多人正在逐渐远离经典阅读，甚至从阅读变为浏览。2021 年第十八次全国国民阅读调查报告显示：只有 2.4% 的国民认为自己的阅读量很大，9.9% 的国民认为自己的阅读量较大，40.6% 的国民认为自己的阅读量一般，有 37.0% 的国民认为自己的阅读量较少或很少；与传统阅读相比，数字化阅读与有声听书占了更大的比例。而且总体来看。读书的实用性与娱乐消遣性表现明显，知识性目的减弱，受到全社会读书观念的影响，当代大学生的阅读取向也呈现出如图 6-1 所示中的几个趋势。

图 6-1　当代大学生阅读取向

当代大学生阅读趋于实用化。今天的大学生处于一个竞争空前激烈的时代，他们更注重自我奋斗与自我价值的实现，而前提是自我生存，因此大学生十分重视提升自己的知识储备，以在今后的学习、工作中提升自己的竞争力，所以实用性的知识十分重要。这些知识则多来自直接应试类书籍，如英语四六级的单词书、托福雅思的参考书、各种从业资格证书的参考书目等。正如应试准备会占据大学生很多课余时间一样，这些实用性的应试类参考书目也占据了很多阅读时间。在很多学校周围的书店中，也是教辅类书籍的销量最大。

当代大学生阅读趋快消化。如果说阅读实用性书籍是处于功利性目的，那么阅读快消类书籍则是处于娱乐消遣的目的。快消类阅读主要体现在两个方面：一是阅读内容的快消化，青年学生对当下的言情小说、武侠小说、悬疑小说、时尚杂志等十分青睐；另一方面是阅读手段的时尚化，电子阅读已经取代纸质阅读成为阅读方式的首选。阅读的快消化并不是不可取，大学生也需要新鲜的内容与方式，但是要注意其中的时尚泡沫化，不要过度消费时尚。

此外，阅读的电子网络化一方面使阅读方式变得简单快捷，而且电子图书可以将丰富性与便捷性融为一体。但是另一方面在电子阅读过程中，经常会受到新闻信息、电子游戏的吸引与影响，如果无法排除这些外界干扰，阅读效率会大大下降。

当代大学生阅读趋于点式化。现代生活节奏越来越快，很多人已经抛弃了传统的从头到尾的线式阅读方式，取而代之的是点式化阅读方式，即利用先进便捷的网络搜索平台，通过关键词快速查找到所需的阅读内容，甚至不必阅读全篇，只需要看自己需要的那一部分，这种跳跃式的阅读就是点式阅读。而点式阅读本质上还是一种快餐式、碎片化的阅读，只能使学生见识皮毛，而不能深入理解内容，长此以往，会养成不良阅读习惯与学习习惯，不利于思考与创作能力的培养。

当然，也有很多大学生可以耐得住寂寞，能够深入细致地阅读各种人文经典著作，对于现代的时尚阅读也有自己的文化超越。大学为青年学生提供了一个相对宽松的学习环境与浓厚的人文环境，使他们有更多可以自由支配的时间，大学生如果可以利用这些时间多多阅读经典，丰富知识，拓宽视野，不仅对大学语文的学习有好处，更能够从经典中汲取人文精神，从而提升自己的人文素质。

## 四、经典阅读路径

要想使大学生理解大学语文学习中阅读经典的价值，就要让学生持续接受人文社会科学的熏陶，在大学教育中，要令学生明白工具理性固然重要，价值理性对人生也有深远的意义，就像做实验是学习自然科学的最重要途径，经典阅读就是学习人文社会科学的重要途径。文字的阅读与理解是一项高级且复杂的脑力劳动，是人类训练、提升思维能力的重要手段之一，而且经典阅读还是一个民族传承文明、吸收文化的根本途径，具有不可忽视的精神力量。

在大学生群体中开展经典阅读活动的难点主要有如下内容。

第一，学生未认识到经典阅读的意义和价值，因此动力不足、兴趣不高，导致阅读的收效甚微。

第二，部分经典人文书目有较强专业性，对于理工科学生而言有一定困难，导致阅读兴趣的下降。

第三，缺乏对经典阅读的指导，学生仅靠自学难以完全理解。

第四，阅读报告敷衍了事，往往是从网上搜索资料进行拼凑，甚至不阅读原著就可以提交报告。

这些问题亟待解决，对经典人文书目阅读的活动或项目的改革已经十分必要。鼓励学生广泛开展经典阅读，可以从以下几个路径入手。

首先，要进行经典阅读书目的筛选与推广。无论是人文经典还是专业著作，每个领域都有成千上万的经典著作，要想一一阅读显然是不显示的，因此，需要对经典书目进行一定选择，经典书目的选择要遵循如图 6-2 所示中几项原则。

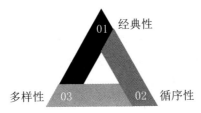

图 6-2　经典书目筛选原则

经典书目的选择一要足够经典，要能够科学梳理出集中人类文明思想精华的读本；二要循序渐进由浅入深，由具体到抽象、个别到一般，合理铺设经典阅读的阶梯，避免学生由于经典作品的难度而敬而远之；三要多样性，能够整合人文视野，给予学生一定的选择自主权。在选择书目之后还要注重宣传推广，比如逐级发布公告、教师课上宣传等，使广大学生普遍知晓推荐书目，有助于共同学习共同阅读的氛围形成。

其次，阅读过程需要教师引导并组织学生交流。学校有义务营造良好的经典阅读氛围，并由教师组织将学生的阅读活动与报告、讨论、辩论等活动结合进行，以丰富经典阅读的形式，激发学生的阅读兴趣，逐步培养追求高尚情操的能力。

写作活动与交流活动是对经典阅读的有效延伸。学生不能为了阅读经典而阅读，而是要带着自己的观点及思考进行阅读，这样才能真正把书读透，并从书中学习到对人生的思考与感悟。在阅读之后，阅读者之间也要进行交流活动，通过交流产生思想的刺激与对问题的更深刻理解，以达到共同提高思想认识与分辨问题能力的目的。

再次，写作是更加严谨深刻对自己的思想与观点进行阐述的方式，可以锻炼人的逻辑思维能力与形象表达能力，这也是很多西方学校在通识教育中十分重视的能力，口语交流与写作课程通常是大学通识教育中的重要课程。通过写作，学生可以将自己的想法与感悟进行系统梳理，还可以从中迸发灵感的火花，进一步提升对经典作品、对世界和人生的理解。

最后，要创设阅读经典的载体。比如充分利用世界读书日，或者以学生喜闻乐见的方式创建读书会等，通过这些活动展示出高校对经典阅读的重视，进而提升学生对阅读的重视程度，并通过参与这些活动感受读书的魅力。多研究一些当代大学生乐于接受的方式方法，让经典阅读这样古老的人文教育方法在今天换发新的生命力，以提升学生对阅读的兴趣，丰富学生的人文知识，提高综合素质。

经典阅读是大学语文学科的重要组成部分，更是人文素质教育的重要途径，在经典阅读过程中，不仅要从书中学习知识，更要从书中学习面对问题的方法与态度，古今中外的各类人文经典都可以给人们不同的启发，所以经典阅读也要做到中西结合、古今结合，以不同的人文知识充实自己的头脑，并将这些书中的内容内化为自己的东西，提高人文素质。

## 第二节　理性思维与学科交叉

理性思维活动是依赖概念、判断、推理等思维方式的高级认识活动，其目的在于获得事物存在、变化或彼此之间联系的真知。康德曾经指出，感性、知性与理性是人的认识能力的三个环节，理性是认识的最高阶段。因此，理性思维的训练是培养大学生人格独立完善的必经之路。大学语文通常被认为是感性的学科，但是随着学习的深入，语文学习也需要理性思维。

## 一、大学语文与理性思维

### （一）理性思维特性

大学应该成为现代社会理性的前沿阵地，无论哪类课程的学习，教师都要注重引导学生培养自己的理性思维，有了科学的理性的头脑，大学生就可以坚守本心，更加深入地研究思考那些人类文化精神的要义。理性思维主要有如图 6-3 所示的特性。

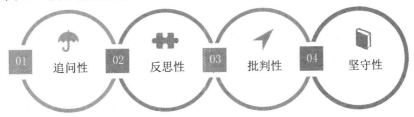

| 01 追问性 | 02 反思性 | 03 批判性 | 04 坚守性 |

**图 6-3　理性思维特性**

理性思维具有追问性，只有不停地追问，才能触及问题的本源。人类面对千变万化的世界，一直试图在最深刻的层次上探寻世界的统一性，并用这种统一性解释人类世界的种种现象。生活与学习中面对太多的谜题，历史之谜、宇宙之谜、人生之谜，都是需要不停追问并以理性思维进行理解，同时以理性逻辑解释其本质和规律的。大学语文学习也离不开不断追问，唯有追问，方能理解文本内容与作者情感，理性认识与感性体验都要在追问自己与追问他人中获得。

理性思维具有反思性，反思性的思维来于哲学，也是哲学的根本特征之一。反思就是以思想的本身作为内容，力求思想自觉其为思想，简单来说，反思就是对思想的思想与对认识的认识①，这样，人类的思想就可以分为"构成思想"与"反思思想"两个维度：构成思想指以某种具体方式形成某种关于存在的思想，是人类全部认识活动的思想维度；反思思想则将人类把握世界的各种方式及其成果作为思考和认识的对象，揭示更深层次的思维与存在的矛盾，从而实现理性思维的跃迁。比如大学语文中的反思性就可以体现

---

① 孙正聿．哲学导论 [M]．北京：中国人民大学出版社，2000：133.

在对文本分析方法的分析上，这样有助于学生对这些方法有更理性深刻的把握。

理性思维具有批判性，批判性与反思性往往是相伴而行的，在进行反思时，必然要以批判性眼光对待。歌德曾说，人们只是在知识很少的时候才有准确的知识，怀疑会随着知识一道增长。"人类思想史上的苏格拉底式的机智，亚里士多德式的渊博，笛卡尔式的怀疑，康德式的批判，黑格尔式的深刻，尼采式的苦痛……都是在执著的自我反思中对常识进行批判。"[①] 具有理性思维能力的人，总是会提出质疑，以否定性思维对待人类已有思想成果，力图更深层次地把握人及思维与世界的内在联系。无论学习哪一学科、从事何种工作，批判性思维都是深层认识与创新思维的前提。

理性思维具有坚守性，坚守人类社会的本质价值系统，为现代社会发展把握人类精神的发展方向。今天，人类的生产生活都受到技术力量与商品经济的影响甚至控制，文化也在市场浪潮中变得商品化，失去了深度空间与价值维度，消解了自我反思的能力，变成一种消费型、碎片化、功利性的文化。理性思维的坚守性使人们免于受到浮躁社会的影响，坚守主动性与个性，这一点通过大学语文的学习可以很好体现，纵观古今中外的作品，那些得以流传、传播的作品，都表现出颠扑不破、经久不衰的真谛，这正是作品所具有的坚守性。

理性思维是学习、工作都必不可少的，大学语文学习所需的理性思维也要被广泛重视。大学语文学习可以带来情感体验、人生哲学、处事态度等，对语文内容及其内涵进行理性思考，可以帮助人们更深层地把握语文与语文学科的本质，在更高层面上提升人文素质。此外，所有学科的学习并不是独立的，语文也不能独立于哲学、史学、社会学等学科而存在，因此，语文学习也不能是闭门造车，学生要广泛涉猎其他领域的学习，做到将多种学科的知识、思维方法都为我所用，全面提高自己的综合素质。

## （二）大学语文学习中理性精神的缺失

大学生是新鲜事物的主要接受群体，而今天的新鲜事物层出不穷，存在很多混乱无序的状况，浮躁的社会风气也蔓延至大学校园中，大学生受到世俗化的影响，很容易失去对理性精神的认可与尊重，忽视对客观真理的追求和把握，容易跟着感觉走或者跟着大众走，缺乏自己的判断与理性认识。在

---

① 孙正聿. 哲学导论 [M]. 北京：中国人民大学出版社，2000：138.

大学语文学习中，这种理性精神的缺失尤为明显。

首先，大学生对大学语文缺乏学习动力。理性精神与理性思维的重要表现之一就是强烈的求知欲，但是很多大学生在经过高考之后，求知欲明显下降，而且大学学习失去了教师和家长的监管，考试压力也大大减轻，一些大学生失去了学习的目的性与自主性。大学语文作为通识基础课程，更加受到冷落，一般来说，语文学习在大学之前已经伴随学生十二年之久，很多学生已经产生了对语文学习的倦怠，特别对理工科学生而言，语文学习于专业技能提升方面并无明显益处，则更加不愿意花费太多时间在语文学科上。

其次，大学生对语文的学习态度与方法停留在中小学阶段。大学语文应当是中学语文的延伸与拓宽，但是现在的大学语文教材中有一些中学阶段曾经出现过的篇目，诚然经典作品是值得一再品鉴学习的，但是这也会导致学生认为大学语文与中学语文并无较大差别，依靠自己的中学语文知识和方法储备就可以完成语文课程的学习，而不是深入探讨语文对自己人文素质提升的作用与语文对自己人生发展的影响，依然将大学语文停留在"学科学习""拿学分"的简单层面上，缺乏对大学语文本质内涵的理性把握。

最后，大学生普遍在价值理性与工具理性中选择后者。在大众教育时代，越来越多的人进入高校接受高等教育，大学生面临着前所未有的竞争与现实压力，大学一方面不断扩招，一方面追求毕业生就业率，那教育者与受教育者就难免出现急功近利的倾向。大学生从对专业的选择，到专业外的知识技能的学习，再到对工作的选择，都体现出明显的工具理性，技能型、工具型等直接应用类专业备受青睐，而人文类专业无法快速带来实际效益而逐渐成为"冷门专业"。这也是很多青年学生感到迷茫、郁闷的症结所在，因为他们丧失了大学生应有的文化底蕴与精神素质，只是为短期的实际效益进行学习或工作，并未真正思考探讨过自己想要什么，对人生意义与价值没有较准确地把握。

## 二、理性思维的培养路径

理性思维的培养路径主要有三种：学科交叉学习、哲学思辨、关注并反思现实世界。

### （一）学科交叉学习

学科交叉，指在人文素质教育过程中，教育者要充分挖掘并整合不同学科中有利于受教育者丰富人文知识、提升人文素质、形成人文精神的素材的方法，即高校教师在教育活动中，要有多学科的视域，从学科上进行透彻且全面的领会和思考，并从文科与文科、文科与理科等不同学科的交叉部分，寻找人文素质教育的素材与资源。

大学语文就是一门包容性很强的学科，因此可以与其他很多学科产生交叉相融的部分，教师要充分挖掘这些部分的内容，帮助学生建立跨学科意识，培养多种能力。

学科交叉学习是科研进步的思想来源。传统的单一学科发展到一定时期，会遇到瓶颈期，如果不积极采用其他学科的知识、思维与方法，该学科的研究就无法继续进行。许多新学科都是在两个或多个学科的交叉部分产生并发展起来的。具体到大学语文的教学、科研与学习，较容易与政治学、社会学、人类学、历史学等人文类学科的思维和内容相结合。

除此之外，大学语文的学习也可以和自然科学类学科结合，"经济基础决定上层建筑"，语文显然属于"上层建筑"的范畴，那么究其"经济基础"，可以与经济学、科学发展、自然环境等结合，这样有助于学生宏观看待事物，也有助于多种学科综合分析应用能力的提升，进而培养其理性思维。

学科交叉学习也是人文素质教育的有效方法。教育者要善用自身知识优势，关注相邻学科及其结合部，不断学习相关学科与交叉学科知识，发展学科交叉的切入点，及时开辟新的教育内容和方向，建立交叉学科教学项目，形成新的教育视角。比如符号理论最早是语言学与传播学范畴的研究内容，但是一些其他领域的学者将符号理论引入自己的专业范畴中，如音乐、戏剧、翻译、设计等。学科交叉学习可以使学习者在已经具备一定专业知识的基础上，拓展自己的知识与方法的视野，感受事物发展规律和事物本质的统一性，对学习者自身的学术修养与人文素质都有积极意义。

学科交叉学习的方法有助于教育内容的更新，达到人文素质教育的新颖性与前沿性；还有助于学生培养学科交叉的思维习惯，形成更加理性的思维，使自己可以更加客观、科学地看待世界。

### （二）进行哲学思辨

在学习和生活中经常需要面对各种问题，从主观上都可以追溯到人们的思维方式，哲学在人类把握世界的基本方式中具有特殊功能，因此，要培养学生的理性思维，必须进行必要的哲学思辨活动。霍克海默提出，哲学的真正社会功能在于它对流行的东西进行批判①，哲学可以促进对已有认知、既定事实的反思，批判性与反思性正是理性思维的重要特性。

哲学的学习在本书第二章第二节已有说明，此处要说明的是哲学的思辨是寂寞的过程，黑格尔曾将其比喻为"密涅瓦的猫头鹰要到傍晚才起飞"，黑格尔认为，哲学的沉思就像密涅瓦的猫头鹰一样，只有在夜幕降临时才悄然起飞，这说明哲学是严谨、抽象的科学，哲学的学习要端正态度，耐得住寂寞，只做表面文章是不可取的。

开展哲学思辨训练需要了解唯物主义哲学与唯心主义哲学的一般方法，特别是中国大学生要对马克思主义哲学的思维方法有深入学习与领悟，马克思主义哲学的唯物论、辩证法、实践认识论、历史观和人论构成了马克思主义哲学的完整内容与分析问题问题的基本方法。

对马克思主义哲学的学习，不能单纯从书本到书本、从概念到概念，这样不利于理解其含义，而是要将这些基本观点与基本方法与学习和生活结合起来，与实践的经验互相印证。只有将抽象的观点、方法论与形象的事物相联系，理论才能成为活的理论。

### （三）关注现实世界

理性思维并不是要脱离生活提出一套完全抽象的原则或方法，而是要引导人们运用理性思维对现实世界与现实生活的知识、价值基础进行反思，使人们更好地理解生活的构成，为自身的发展与社会的发展提供思想前提。

因此，理性思维也要求学习者和研究者对现实生活体验进行深入挖掘，系统分析生活中的知识，整理出支持生活知识的理论，并对这些理论做出进一步的分析和检验，分析其合理性与效用性。这样不断对个案进行研究，学习者和研究者可以更真切体会到理性思维的力度与广度，重视理性思维培养与启发。

大学绝不是"两耳不闻窗外事"，大学教育工作者与大学生一直是最关心社会现实的群体之一，他们用各种实践活动、理论研究不断引领着校园文化热点，体现出对时事、民生、人类发展的关切。如20世纪80年代大学校园中出现了关于西方思潮与人的价值观念的大讨论；90年代的大学生从对西方文化的追求中冷静下来，开始转向对中国传统文化的重新审视；到21世

---

① （联邦德国）霍克海默（Horkheimer，M.）.批判理论 [M].李小兵，等译.重庆：重庆出版社，1989：250.

纪，随着我国综合国力和国际地位的提升，社会的稳定发展使很多大学生投身到公民道德建设事业中，以追求道德发展水平与经济发展水平相一致。他们对现实世界的关注历程，体现出校园文化核心价值的嬗变，同时可以给今天的大学生很多启发。

关注现实世界，可以避免空谈主义对大学生的负面影响，只有将理论与现实紧密联系，才能领悟知识的价值，在实践中验证理论，以理论指导实践，这个过程也是理性思维形成并完善的过程。

## 三、大学语文创新思维培养

大学语文学习不仅需要理性思维、感性思维，还需要语文学习的创新思维，主要包括如图 6-4 所示的几种创新思维。

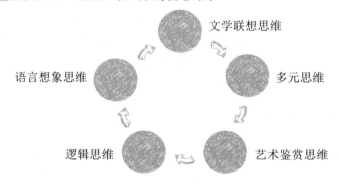

**图 6-4　大学语文学习思维**

第一，大学语文学习需要培养语言想象思维。语言想象思维的培养是大学语文教学中培养创新思维的有效手段。爱因斯坦曾说，想象力概括了这世界上的一切，并且推动着发展，是知识进化的源泉。大学语文学习也离不开想象思维的认知、构建与应用，只有在各个方面贯彻启发式教学原则，培养学生想象力，才能落实素质教育的精神，提高大学语文教学质量，培养创造性人才。想象思维建立在人对现实的基础认知与自身的想象能力应用之上，在大学语文学习中，学生要想培养创新思维，也要从想象思维方面入手，这样可以使语文思维得到拓展，不仅可以有效提升语文学习的能力，还可以帮助自己拥有应用更加广泛的想象能力。

第二，大学语文学习需要文学联想思维。联想思维在文学创作中是最常见的，比如马致远将古道、西风、瘦马进行联想，余光中将乡愁与邮票、船票等意向进行组合，虽然联想奇特，但是合情合理，将读者带入作者的情感世界中。加强对发散联想的训练，可以拓宽视野、拓展思维，充分调动写作中知识和经验的积累与记忆，进行多方向、多角度、多层次的联想，有利于培养思维的独立性与批判性。因此，在语文教学中，不仅要想象作者直接看到的东西，还要想象作者的想象力；不仅要想象文章中的事物，还要想象作者的思维过程，引导学生明白如何进行想象与联想，也是大学语文教育的教学目标之一。

第三，大学语文学习需要培养多元思维。大学生尚未进入社会，因此他们的生活经验相对有限，无法全面看待问题，因此，在教学活动中，要教会学生使用一些公认的理论来理解事物，培养学生的思维深度。多元思维，即多层次、多角度考虑问题的思维，多元思维的培养可以使学生在短时间内产生正确的思考方向。大学语文教学可以通过作者的叙述，使学生见识人间百态，了解不同人看问题的角度与解决问题的方法，帮助学生养成多元思维。

第四，大学语文学习需要艺术鉴赏思维。就语文教学而言，为了鉴赏操作与设计，描绘审美主体的艺术形象能力至少应该包含两个方面：一是欣赏审美主体的审美形象，二是审美愉悦与审美理想相联系，使艺术在艺术形象中成为审美思维的表达。培养艺术鉴赏思维的关键在于增强学生对新的审美思维的积累与鉴赏能力，在日常教学中，既要强调知识的重要性，又要强调创新精神的审美与鉴赏。通过学习与探索，形成自己的思维方式，往往会对文章、作品产生不同的见解。只有保证艺术鉴赏思维的创新性，才能有效促进艺术鉴赏的发展。

第五，大学语文学习需要逻辑思维。在语文教学中，对学生进行最基本的听、说、读、写训练，这四种能力是由语言能力与思维能力决定的，因此语文教学也要重视语言与思维训练，二者不可偏废，且可以通过逻辑思维进行结合。比如当学生无法理解和应用某个概念时，就无法对事物做出逻辑判断；学生的语言能力欠缺，在某种程度上也是逻辑思维的欠缺。在语文教学过程中，教师要运用逻辑知识提取学生积极的逻辑思维，提高学生的语文能力与综合素质。

总之，大学语文是一门综合性极强的课程，语文学习需要理性思维，同时需要多种不同思维的参与，还需要其他学科的知识，语文学习过程中培养的能力也可以应用于其他学科。只有将大学语文学习、专业学科学习等结合起来，学生才能实现全面发展，成长为现代型人才。

# 第三节 情感体验与古今相融

情感是人类最常见的现象。从心理学角度说，情感是对感觉的主观补充，当感觉形成复杂的状态时，便会产生情感；从哲学角度说，情感是人理解世界的一种方式。情感体验则是人的一种精神活动，是人从个体感受出发，指向对有意义的生活的寻找、选择，达到主体和客体之间的沟通，进而实现对主体和客体的超越。情感体验的教学方法是人文教育所特有的方法，而且情感体验可以跨越古今，帮助学生接受情感教育与审美教育。

## 一、情感体验在大学语文教育中的作用

情感体验是自觉性的感性教育，是个体自觉选择与寻求生命价值和意义的开放性活动与过程。情感体验也是大学语文教育的重要方法之一，同时语文教育也有情感教育的作用，二者相互渗透，共同促进学生人文素质的提升。情感体验在大学语文教育与人文素质教育中的作用可以简单总结为如图6-5所示的几点。

图6-5 情感体验作用

### （一）培养审美感官

首先，情感体验有利于培养审美感官。唯物主义美学观的产生有两个重要前提：第一，人的感官是美感之源；第二，客观世界是人的感觉之源，即"客观世界—人的感觉—形成美感"，可以看出，人的感官成为了联结客观美与主观美感的纽带，因此，将能够使人产生美感的感官成为审美感官。

人的感官有视觉、听觉、味觉、触觉、嗅觉，其中后面三种感官具有直接接触客观对象的物质属性的特点，但是与美感的距离太远，不能作为高级审美感官；而视觉和听觉在感受客观对象时一般会保持一定距离，因此可以引起精神性的反应，满足人的精神需求，达到形成美感的目的。

有了审美感官，就可以接纳美的形象，并从中获得充分的美感享受，甚

至可以使低级感官也成为审美的辅助工具。大学语文离不开各种情感体验，作者会将他的情感隐藏于字里行间，在学习语文过程中，情感体验的来源就是文字与讲解，恰好对应视觉、听觉两大感官，帮助学生培养审美感官与审美能力。

### （二）丰富完善人性

情感体验的教育是审美教育的一种形式，审美教育的本质是陶冶性情净化心灵的情感教育。在西方，席勒最先提出美育，他指出要将美育视为激发人的情感、实现精神解放与人性完善的途径；在中国，蔡元培积极提倡美育，他认为"美育毗于情感"，是"现象世界"与"实体世界"之间的桥梁。

蔡元培曾说："我们每每在听了一支歌，看了一张画，一件雕刻或者是读了一首诗、一篇文章以后，常会有一种说不出的感觉：四周的空气会变得温柔，眼前的对象会变得更甜蜜。"[①]蔡元培所说正是情感体验的过程，也是情感体验丰富人性的过程。

人类精神文明的培育、个体人格和心理完善等问题，不是靠外在的物质满足与强制教育可以解决的，情感体验的过程是一个自觉成长的过程，强调人的主体精神的提高，通过对个体的情感培育与心理建构，将人的感情、意志、想象和趣味自由完整地统一在一起，在新的关系状态中发展人的精神性，以实现人性的完善。

成熟的人格形态中，往往具有突出的美感倾向，这种倾向就是源于情感体验。大学语文中的情感体验可以使人的情感更加深厚、细腻和丰富，永远保持对生活的体验与感受，积极创造人生价值，开拓人生的新境界。

### （三）培养创造力

情感体验与审美培养的最高目标是充分发挥人的想象力与创造力。马克思强调人的自由的自觉的劳动，他指出，"自由"与"必然"是相对的，"必然"是各种客观规律与人本身发展的规律，人的"自由"活动就是不断把握必然，克服种种局限来超越这个"必然"。人的活动只有是"自由"的，才能掌握和理解客观规律，他的劳动才是有创造性的。像情感体验活动、审美活动、艺术活动等就是这种自由的自觉的活动。

在情感体验过程中，审美者通过对审美对象的欣赏，挖掘审美对象的意

---

① 高平叔.蔡元培美育论集[M].长沙：湖南教育出版社，1987：215.

蕴，感受创作者的匠心，并通过欣赏在审美对象的世界中反思自己、发现自己。雕塑家罗丹曾说"艺术所创造的形象，仅仅给感情供给一种根据，借此可以自由发展"①，创造力就脱胎于这种情感体验之中。

## 二、情感体验的对象把握

对大学生而言，主要可以从自然世界、现实世界与艺术世界这三大领域中获取情感体验，培养自己的审美感官，丰富精神世界。下面以这三个领域中的三种具体对象进行研究。

### （一）自然世界中的自然山川

仁者乐山，智者乐水，在客观世界中，大自然是最天然的审美对象，在大学语文中，也不缺对自然美景的描写，比如杜甫的"两个黄鹂鸣翠柳，一行白鹭上青天。窗含西岭千秋雪，门泊东吴万里船"正是春天的景色触动了杜甫的诗情，写下节奏轻盈、情感愉悦的诗篇，也使读者产生身临其境之感。

我国美学家宗白华曾经在一首诗中描绘了美感的来源。

啊，诗从何处寻
在细雨下，
点碎落花声
在微风里，
飘来流水音
在蓝空天末，
摇摇欲坠的孤星！

这几句诗的意思是，在耳濡目染的自然世界中充满了诗情画意，只要有善于发现美的眼睛，用心观察或留意，就能看见它们并激发出内心的美感。就像罗丹说的，"这世界不缺少美，缺少的是发现美的眼睛。"

一般来说，亲近大自然被视为娱乐消遣活动，但这只是自然世界最简单的功能之一，当在观照大自然时，就是在进行情感体验活动与审美活动，这种活动使人们可以暂时忘却现实世界的种种俗务，进入一种特殊的心灵体验

---

① 庄志民 . 审美心理的奥秘 [M]. 上海：上海人民出版社，1983：246.

的情境之中，使人们的精神得到放松，心灵得到进化，人性得到解放。从不同的自然景色中感受不同的体验，挖掘和发现山水景色的意蕴之美，架起通往精神世界的桥梁。

### （二）现实世界中的教师魅力

在大学生活中，教师的人格魅力的熏陶是一种大学生特有的情感体验，学生与教师的面对面交流，既是知识和思维的传递，又是一种情感的交融。徐志摩与林语堂都曾经赞美过牛津大学里学生与导师在交谈的情境中体现出的自由平等的人文精神，在这种师生交谈的活动中，教师的人格魅力就像家庭氛围一样对学生有着十分重要的影响，处在这样的环境中，学生可以学到关于做人、做事、做学问的各种方法与品质。

在我国古代，虽然没有"导师制"的说法，但是先贤孔子无疑是伟大的导师，他对学生关怀备至，诲人不倦，善于因材施教，启发诱导，颜渊曾说"夫子循循然善诱人，博我以文，约我以礼，欲罢不能"，说明孔子对两是巨大的，也正是他的治学要求与做人态度的言传身教，使他成为"万世师表"。

梅贻琦先生曾说，"学校犹水也，师生犹鱼也，其行动犹游泳也。大鱼前导，小鱼尾随，是从游也。从游既久，其濡染观摩之效，自不求而至，不为而成。"说明教师对学生的引导与熏陶作用，教师是学生治学与为人的学习对象，因此教师也要努力提升自我，在专业学识与个人修养方面对学生产生正面影响。

中国有句古话："做经师易，做人师难。"意识是说给学生传授知识容易，但是教学生如何做人十分困难。当然，这只是为突出"做人师"之难，并不是说"做经师"就很容易，教师要在学问方面、自身素质方面都不断提高，对学生"言传"的同时注重"身教"，百年树人，人格教化的影响更为深远。

### （三）艺术世界中的艺术作品

艺术作品是作者审美意识的对象化，艺术家通过一定的物质媒介创造艺术作品，这个作品就是艺术家审美意识的物化，是艺术家心灵的反映，体现艺术家的感情和意识。

关于在艺术欣赏中的情感体验与日常生活的情感体验是否相同的问题，历来有不同的说法，对心理学家而言，情感是主体的心理或心理反应，因此并无本质不同；但是对美学家而言，在艺术中产生的情感不是个体自身的、功利的情感，是超越个体直接经验的，带有明显开放性、共享性与距离感的情感①。正是在这个意义上，可以在艺术中欣赏到人类的各种复杂情感，通过这种情感的体验，可以超越自我的功利情感，在艺术审美的层面上得到共鸣与深化，这样，艺术情感体验就可以达到人文素质教育的目的。

对艺术作品的欣赏就是把握美的过程，常说艺术源于生活又高于生活，没有客观的事物，艺术就没有反映的对象。但是不论哪种艺术，主观对客观都不应当是机械的反映，而是人格化、情感化的反映，寄托创作者的思想感情与审美倾向。对生活有着敏锐感受能力的艺术家，可以将自己的感受通过作品表现出来，并感染欣赏者。

对欣赏者来说，欣赏艺术作品可以培养审美的敏感，艺术欣赏不仅仅是被动地看或听艺术作品，而是要发挥欣赏者的主观能动性，这样才会有"一千个观众有一千个哈姆雷特"的情感体验。艺术作品的创作与欣赏都可以使人产生情感体验与审美体验，这种体验正是对审美能力的肯定。

## 三、情感体验的路径

情感体验的方法就是将自己的思想置于各种审美情境之中，通过审美感官感受审美对象传递的情感，常用的情感体验的路径有如图 6-6 所示的三种。

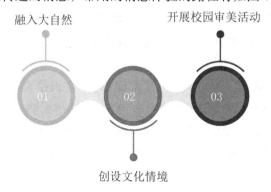

图 6-6　情感体验的路径

### （一）融入大自然

"读万卷书，行万里路。"书本是知识的来源，大自然同样是知识的不竭之源，只有将书本与自然结合，相互佐证、相互激活，才能实现知行合一。在中国古代有游学的传统，即学子到了弱冠之年便要壮游天下，在不少作

---

① 庄志民.审美心理的奥秘 [M].上海：上海人民出版社，1983：36.

品中都有关于游学的记录，比如"少时壮且厉，抚剑独行游"（陶渊明《拟古》）、"仗剑去国，辞亲远游"（李白《上安州裴长史书》）、"放荡齐赵间，裘马颇清狂"（杜甫《壮游》）等，这些都是诗人在大自然中的情感体验与情感记录，是留给人们的最宝贵最自然的审美教育。

今天的大学生有着比较优渥的物质条件，但是生活空间相对狭小，因此要鼓励大学生离开自己的方寸之地、走出网络世界，到真实的自然世界中增长见识、开阔心胸、锻炼意志，接受自然馈赠的教育。这对学生养成美好健康的身心品质十分有益，也是人文素质教育的有效方式。

### （二）创设文化情境

文化情境的创设需要学校师生的共同参与，需要许多头脑、许多心灵的相遇和对话，才能碰撞出思想的火花。师生间、不同学科之间的经常对话，可以自然地形成知识性、社群性与文化性的沟通，创设出文化情境。在这种文化情境中，教师与学生、学生与学生之间是会互相影响的。在高等教育大众化的今天，也要致力于文化情境的创造，一流的大学无不重视文化氛围对学生气质品性的影响。

在这种文化情境中，学生可以感受到学校的庄严感与学问的崇高感，感受被净化了的自我超越感；在这种文化情境中，充满了对人的价值的理解和尊重，既有对人类核心价值的研究，又有对道德的不懈追求，同时有着对任何事物的批判；在这种文化情境中，可以唤醒人们对过去美好时光的回忆和对未来幸福生活的憧憬。

### （三）开展校园审美活动

根据马克思的"人是按照美的规律来生产"的思想，艺术审美活动与人类其他的活动形态一样，都是人类生存与发展所需要的形式和要素，不同的是，审美活动更偏重解决人类的精神生存与情感生活，其种植是为人的生活与生存创造良好的心理氛围和文化空间，建立人与外界的和谐关系。

当代审美文化的发展极大丰富了人们的文化生活，大学校园中的审美文化表现形式也异彩纷呈，大量艺术团、艺术节、艺术系列活动就是最好的证明。许多学校有自己的各类艺术团体，使有着相同兴趣的学生可以聚在一起，同时他们也会为全校师生甚至周边社区进行汇演。此外，"高雅艺术进校园""校园××文化节"之类的系列艺术活动也能够吸引很多学生的关注与参与。

这些以学生为主体的校园审美活动集文化生活与审美价值于一体，具有大众化、社会化与艺术性、趣味性的特点，对在校大学生的情感体验与素质提升起到推动作用。学校要加强校园审美文化的引导，做到百花齐放，使学生在活动过程中加强审美能力的训练，促进人文素质的提升。

## 四、古今相融

古今相融，指可以从历史典籍与传统文化中感受人文情感，同时从中挖掘寻找不同历史时期的人文素质教育素材。现代教育者要能够在历史和现实之间"穿梭"，做到"通古今之变"，推进现代的人文素质教育。

现实是历史的延续，也终将成为历史，历史可以为今天的发展提供借鉴，人文素质教育也可以到历史中寻找人文遗产。中国传统文化中有取之不尽的人文素质教育资源，产生过众多有着卓绝理想、坚定信念的先贤，他们表现出的自强不息的精神，对今天的教育有着重要的意义，既是现代教育弘扬人文精神的重要内容，也是富有时代意义的课题。

将古人的经历、情感与现代社会生活结合，可以有更深刻的情感体验，这个体验过程就是接受人文素质教育的过程，因此，古今结合对教育者和受教育者来说都是十分有效的途径。在现代教育中，不仅要学习马克思主义发展的最新成果，还要将传统文化中的人文素质教育融入其中，并不断丰富教学形式，以增强教育的吸引力和感染力。

将人文素质教育与当代社会现实及大学生实际紧密结合，从实际出发，根据学生知识结构和接受心理，有计划、有针对性地进行循序渐进的教育，并在教育方式上有所调整和创新。在教学内容上，要注重挖掘人文精神，使学生在潜移默化中受到优秀古典人文精神的感染，将传统文化与人文素质结合，发挥人文素质教育的功能，使传统文化中体现的精神品质内化为学生的气质修养。

在教育手段上，要采用现代教育技术普及传统文化，只看文字可能会觉得艰涩难懂，可以辅以图像、声音、动画等，有利于加强教学的直观性和生动性，也有利于学生更加准确感受作者的情感，将其与自己的生活相结合，在情感体验的过程中，感受大学语文之美。

# 第四节 环境熏陶与就地取材

陶行知提出，天然环境和人格陶冶很有密切关系。大学校园就是一种特定空间中的特殊环境，既包含校园的物质文化，也蕴含校园精神文明，校园环境引导的思想观念与理论意识可以传播文化知识、熏陶高雅情操、提升人文素质。将大学语文教育、人文素质教育与当地人文环境相结合，可以有效促进学生的综合发展。

## 一、校园环境的人文特性

大学校园环境指由各种能被感知到的客观存在的实体存在构成的整体环境，其存在形式包括校园的建筑布局、人文景观、绿化环境、教学设施等。大学校园环境的人文特性主要体现在如图6-7所示的几点。

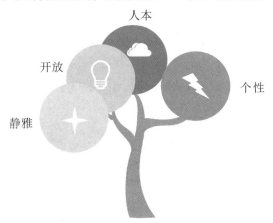

**图6-7 校园环境的人文特性**

首先，校园环境具有静雅的特性。虽然大学校园所处自然环境不同，但通常远离闹市，选择深幽安静、便于静学之处，幽雅的环境更有利于学生修身养性、琢磨学问，有利于引起思想的碰撞。中国古代的很多书院就坐落于高山流水之间，也体现出古老的"天人合一"的思想，现代很多大学由将地理的自然性与地域的人文性结合，使校园环境兼具自然性与人文性。

其次，校园环境具有开放的特性。大学是开放的公共活动空间，不同学科、不同年龄、不同专长的学生和教师可以在大学校园交流切磋互相学习，这种开放式环境很容易激发人的想象力与创造力。现代大学十分重视"智慧校园"建设，积极推进学校信息化建设，以达到更加智能、更加开放、更加现代的目的。

再次，校园环境具有人本的特性。环境设计和服务的对象是人，所以在物质环境中，人是主体，一切都要做到以人为本，体现出人文关怀特性。大学应该是充满文化与文明的世界，因此要根据办学理念与价值追求，按照美的规律，创造出和谐舒适的校园环境。具有人本特性的校园环境可以开阔学生的思维，同时使学生亲近自然、亲近他人。

最后，校园环境具有一定的个性。大学教育要培养不同专长的人才，必须依靠各具特色的大学文化，比如美国斯坦福大学校训为"愿学术自由之风劲吹"，麻省理工学院校训为"既学会动脑，也学会动手"，清华大学校训为"自强不息，厚德载物"，不难看出学术类大学、工程类大学、综合类大学在定位上的差异。不同类型的大学一定有对应的不同校园环境，这样才能使培养出的人才各有所长、各有个性。

## 二、校园环境的育人途径

校园环境不仅是学校的物质文化，也承载者学校的精神文化。因此，在物质环境建设中，既要重视器物的投入，更要注重校园文化内涵的拓展与延伸，校园环境对人的教育作用是间接的、熏陶式的，长期的校园环境浸润会对一个人的言行举止产生较大的影响。

### （一）大学精神凝练与形象塑造

大学精神是师生与教职员工在长期的教学、工作与生活中逐步形成和发展起来的，并且被广大师生认可接受的一种群体意识，大学精神稳定、深刻地体现了校园群体的共同价值、理想、信念和情操，使师生对校园产生归属感与自尊感。现代企业、政府都十分重视文化建设，积极挖掘自身的文化品格，以培养共同的愿景和使命感，大学也要积极塑造自己的精神形象，唤起师生的认同感与共鸣。

大学品牌形象的构成包括三个部分：第一是高校理念，即大学的办学传统、办学方针、发展方向等；第二是高校行为，主要指学校的内部行为规范，如校规校纪等；第三是高校标志，包括校徽、校门、代表性景观等视觉识别标志与校名、校训、校歌等听觉识别标志。大学品牌形象的确立，对内可以强化群体意识，增强学校师生的向心力与凝聚力；对外可以使社会公众更明晰认识学校，建立起鲜明的学校品牌形象。

### （二）人文景观建设

人文景观是最能体现精神文化与物质文化相互融合的载体，加强人文景观的策划与建设成为一些大学推动文化软实力的切口。

人文景观布局要注重整体设计，不能"想一出是一出"，要将办学理念、人文精神有计划、有布局地融入校园景观中。如四川大学的"四馆一廊"建设使每位学生都可以感受到学校深厚的人文底蕴与辉煌的发展历程，体现出高雅的校园文化与浓郁的学术气息，营造出人才培养的新环境，该项目还获得 2007 年高校校园文化建设优秀成果一等奖。

人文景观建设要注意文脉的延续，文脉即文化脉络，每个大学都有自己的文脉，以理念、制度、建筑等形态体现出来，融合在校园建筑、景观与风貌之中。在人文景观建设时要对大学的历史文化予以充分的尊重，凸显这些景观的文化价值与意义，使每一位学生都了解大学的历史和文化，在这种传承中弘扬大学精神。

人文景观建设要注重意境营造，人文景观有很多种形式，比如建筑、雕塑、道路、广场等，但是也要注意景观与周围环境的和谐，注重营造人文意境。因此在人文景观建设时，要深入挖掘物质环境中的细节的韵味，保持人文景观与自然景观的和谐，营造富有人文气息的意境。

### （三）文化设施打造

校园的文化设施包括博物馆、艺术馆、体育馆等场馆设施，还包括宣传设施与娱乐设施。

大学校园中的博物馆不仅是教学与科研的重要资源，也是面向全社会开展科普教育的重要场所。比如英国剑桥大学就有几十所图书馆、博物馆、展览馆，汇集了众多人类的财富；再比如日本早稻田大学于 1928 年开放戏剧博物馆，其中珍藏了数十万件戏剧文物。我国很多大学也有自己的校史博物馆、艺术馆、科技馆等，如上海中医大学的中医药博物馆、上海音乐学院的东方乐器博物馆、中山大学的生物博物馆等。

宣传设施的建设与有效使用，丰富了校园环境的内容，为学校提供了丰富的教育手段，宣传设施包括学校广播台、电视台、校园网、布告栏、电子屏等，宣传可以使学生更直接地接受教育。随着信息技术的发展，宣传途径也越来越多，学校要把握并利用多种宣传工具，积极向学生宣传大学文化与大学精神。

娱乐设施也是校园文化设施的重要部分，是学生美育的实现途径之一，也可以为学校起到宣传作用。现代高校大多有报告厅、活动室等文化娱乐场所，学校要利用好这些场所与设施，不仅在这里进行学术活动，也可以进行娱乐活动，一方面对大学生活有调节作用，丰富学生的大学生活，另一方面也可以通过这些活动使学生的综合素质得到发展，增进师生对学校的感情。

### （四）智慧校园建设

智慧校园是信息化时代的新型校园，体现着学校速度与效率，对人才培养有着重要作用。智慧校园不仅是技术与手段的体现，更是大学管理理念的进步与人文精神的弘扬。

智慧校园体现了人性化的管理理念。比如学校的教室、会议室、实验室等，它们彼此可以通用互换、灵活隔断，这样可以极大方便学生进行各种活动；教室中的黑板被集写字、放映、投影等功能于一体的升降式白板取代；桌椅设计也更加合理。这类借助现代技术进行校园改造的例子还有很多，都体现出以人为本的服务思想。

智慧校园使学校生活变得更加通畅便捷。很多智慧校园的建筑物设计采用集中式、开放式的布局，建筑群体多以成团的方式组合在一起，尽量减少楼宇之间的距离和交通线路，在各个相对独立的区域之间，也尽量打通分割界限，在室内外都设有方便的通道与连廊。

学校师生除上课之外，还需要大量的研讨与广泛的交流，各种研讨交流可以是有计划、有组织的，也可以是无计划、自由灵活的。为此，可以创造一种适应和满足师生自由交流沟通的物质环境，包括各种适合停留、小憩、谈话的场所或角落，还可以设置自动贩卖机、咖啡室等，这种良好的空间，无疑会给师生创造更多交流机会，也有利于各种信息的流通，使校园更具生命力。

通过打造优质的、符合师生需求的、可以带来幸福感的校园环境，师生能够在这样的环境中感受到学校的人文关怀，从而更愿意在校园环境中进行各种人文活动，进一步提升学校的人文气息，提升自己的人文素质。

## 三、就地取材

### （一）就地取材内涵

就地取材法是指利用当地文化资源进行人文素质教育的方法，学校除了在校园内部构建人文环境之外，还要注意发掘本地的教育资源，选取当地典型的文化载体，对学生进行人文素质教育。

我国地大物博，有着丰富的地区文化，如乡土地理、民风习俗、历史故事、生产经验等，是中华文化的重要组成，也是文化形成和发展的土壤，正如民俗专家陈勤建所说"我们民族文化的 DNA，存在于民俗、民间文化之中"。地方文化对于地方的人而言，就是基因文化，具有独特性、实践性与亲切性。充分利用地方文化资源，有利于促进人文素质教育体系的构建，有利于在文化继承与发展中形成各自的特色。

就地取材是一种内容丰富、密切联系现实的具有鲜明地方特征的人文素质教育方法，可以根据当地的政治、经济、文化、民族发展的需要，利用地方人文资源进行开发。这样可以将理论与现实结合，帮助学生与现实生活建立多方面多层次的联系，使学生感受生活的意义价值，成为学习活动的主体与社会活动的主体。

各地经济文化发展不平衡且自然环境千差万别，城市与农村、发达地区和欠发达地区的教育资源也不相同，因此要尽可能做到就地取材，选择资源方向、确定指导力量、获得信息资源的途径，制定合适的办法。以贴近生活、贴近社会、贴近学生作为出发点，丰富并修订教育资源，突出中华民族的优秀文化传统与文明留存，同时从文史哲等方面精选学习主题，让学生在走进自然、走进社会的过程中，学会正确处理自我与他人、自我与社会、自我与环境的关系，逐步形成正确的人生观和价值观。

就地取材可以利用的资源可以是地方人文资源，如文化估古迹、革命圣地、民俗活动；还可以是文化机构资源，如博物馆、美术馆、文化宫、图书馆，以及其中的各项资料和专家学者；也可以是电子信息资源等。总之，就地取材要充分挖掘本地各种形式的资源，实现资源交融共享。

### （二）就地取材实践

在第一课堂中，可以在人文素质课程体系中增加地方文化选修课，在编写有关人文素质课程的教材中利用地方文化素材，在人文素质课程教学过程中融入地方文化元素以及鼓励和引导学生自主探究地方文化精髓，通过这些方式将地方文化资源带入课堂，优化人文素质教育课程结构，丰富教学内容。

在第二课堂中，可通过开展以地方风情为题材的书画、摄影竞赛和作品展，组织以民俗采风为内容的征文比赛和文学交流活动，将地方民歌、地方剧种搬上校园舞台等方式让地方文化资源进入校园，丰富学校文化，提高活动吸引力和大学生的参与积极性。

在第三课堂中，可将社会实践活动和地方文化资源结合起来，开展大学生三下乡、进社区等活动，有针对性地安排学生深入农村、深入地方，对地方文化进行体验与考察，为学生提供更加实际、更加真实的学习情境，将书本知识与学生生活、社会实际有机地整合起来。

综上所述，语文视角下的人文素质教育也要做到理论联系实际，不能将语文局限在课堂上、书本中，而是要渗透在生活的方方面面，在语文学习中提升人文素质，在人文素质教育中获取语文素养。而且人文素质教育和大学语文教学都不能仅仅在校园之中，而是要走向社会、走向自然，这样才能使学生真正做到学以致用，并在实践中提升自我，实现人文素养的内化。

# 第七章　大学语文视角下人文素质教育评价与保障体系

# 第一节　人文素质教育评价意义与内容

人文素质教育是当代大学生教育的热点话题，也是未来大学生教育发展的必然结果，目前对于人文素质应该如何教、应该教什么、教师应该具备哪些必要素质等都没有一致的结论。通过人文素质教育评价的理论研究，可以帮解决这些问题，并引导人文素质教育向着更加科学合理的方向发展。

## 一、人文素质教育评价内涵

人文素质教育评价是基于教育评价、素质教育评价发展形称的，"教育评价"是美国泰勒教授最先提出的，他指出，教育评价是"一组给定的学习者的期望与实际学习效果之间的比较"①。素质教育评价体系，则指根据素质教育的目的、要求与原则等建立起来的对受教育者的发展变化及导致这些变化的各种因素所进行的价值判断的一系列的方法、标准和规定。

人文素质教育不仅包含思想道德、人文知识等内容，还包含一个人在社会活动中不断通过教育所获得的综合素质。对人文素质教育进行评价，就是指按照一定的价值标准，对受教育者人文素质的发展变化及导致这些变化的各种因素进行价值判断。大学应该如何提供有效的人文素质教育、现有人文素质教育体系效果如何、人文素质教育对大学生的整体素质的提高是否有意义等，这些问题都需要人文素质教育评价来回答。人文素质教育的评价主要包括如图 7-1 所示的几点内容。

---

① 陈强.新时代高职院校人文素质教育研究 [M].昆明：云南大学出版社，2020：94.

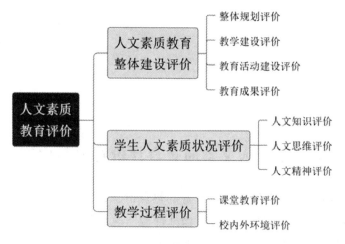

图 7-1  人文素质教育评价内容

## （一）对高校人文素质教育整体建设的评价

在对学校的人文素质教育进行评价时，不仅要对学校的办学理念、校风校训、规章制度等进行综合评价，还要对学生的素质进行综合评价，以及对办学条件、课程体系建设等进行评价。

### 1. 整体规划评价

人文素质教育的统筹规划是学校人文素质教育的重要环节，直接影响人文素质教育的质量与效果，整体规划包括人文素质教育的定位、制度建设与办学理念。

人文素质教育在整个教学中的定位对学校的整体办学具有指导作用，高校应该根据党和国家提出的人文素质教育目标和本校的实际情况，确定学校人文素质教育的总体规划与目标。

制度建设是一切目标得以顺利实现的重要保障，学校规章制度的建设与执行情况是人文素质教育的重要评价指标。

学校的办学理念则充分体现出学校在人文素质教育过程中的指导思想和决策水平，学校对人文素质教育的重视程度直接影响着人文素质教育的发展进程，是实施人文素质教育的重要保证。教学方案中人文素质教育的比重、财政支出及人文素质教育师资引进政策等，都体现出学校对人文素质教育的重视程度。

## 2.教学建设评价

教学建设是提高学生人文素质的关键，包括课程建设、师资建设、环境建设与科研建设等。

课程体系的构建主要体现在人文学科的完备性上，即课程体系是否多维度、分支学科是否完全开放等，人文素质教育课程应该以文学课程、历史课程、艺术课程、语言课程作为基础课程，以社会学、人类学、美学等作为辅助选修课程，将所有课程纳入教学体系中。通过对人文素质教育课程体系的构建，可以有效判断出人文素质教育课程是否符合教育目标与师生实际情况、是否有利于学生素质的提高。

高校人文素质教育师资队伍是决定人文素质教育水平的重要因素，只有教师具有坚定崇高的思想信念、优秀的教学能力与深厚的人文涵养，才能真正实现人文素质教育的目标。人文素质教育师资队伍应该包括思想政治教师、专职人文教师与辅导员，共同为学生的人文素质提高起到促进作用。

此处的环境建设主要指校园物质文化建设，如校园人文景观、学校地标性见着、美术馆、展览馆、图书馆和网络资源等完善的人文素质教育设施和场所，能够体现学校独特的文化内涵，创造和谐的校园文化环境。

人文素质教育工作与人文素质教育科研建设密切相关，人文素质教育的科研建设主要考察教师的学术水平与科研能力。重视人文素质教育的科研建设，可以把握人文素质教育的规律，促进科研成果的转化与应用。指导人文素质教育的实践，使人文素质教育取得更好的效果。

## 3.教育活动评价

人文素质教育活动包括学术活动、校园文化活动、体育活动与社会实践活动，这些活动可以直观反映出高校人文素质教育的动态水平，影响学生对人文素质的认知，对学生综合素质的提升产生潜移默化的影响。

校园学术活动与文体活动是人文素质教育健康持续发展的重要保障。学生是校园活动的直接参与者和组织者，丰富多彩的校园活动可以开拓学生的眼界，引导学生形成正确的价值观，同时各种文化体育活动可以培养学生的高尚情操。社会实践活动是人文素质教育最贴近现实的一环，可以帮助学生将内化的知识技能与素质涵养应用于实践中，使学生在实践活动中感受人文素质带来的帮助。

### 4.教育成果评价

人文素质教育成果是人文素质教育的集中体现，对人文素质教育成果的评价可以从学生、学校与社会影响这三个方面入手。

学生方面的评价主要涉及学生人文课程的成绩、人文社会科学活动开展情况与学生的人文精神风貌。人文课程与人文活动成绩一定程度上可以反映学校师生的人文知识水平，是人文素质教育的外在体现；学生的人文精神是学生行为规范和思想道德的集中体现，也是高校人文素质教育效果的核心部分，可以体现学校的教育理念与教育追求，是学校内部素质和发展境界的要义。

学校方面的评价主要体现在校园文化建设和人才培养体系，校园文化氛围具有文化引导功能，可以促使学生养成良好的习惯和行为，是高校人文素质教育的综合反映，也是高校人文素质教育目标的现实说法。学校的人才培养体系是否健全、完善，针对不同背景的学生应该制定不同的培养体系与培养方法。

社会方面的评价主要是社会对学校人文素质教育的发展与声誉的评价，社会对人才有利益诉求与评价标准，因此要关注社会评价体系的发展。一方面，社会评价有助于学校适应社会需求，培养社会所需要的人才，另一方面，社会评价可以促进高校人文素质教育工作，提高整体的办学水平。

## （二）对高校学生人文素质状况的评价

人文素质教育的目的是培养适应社会未来发展的人才，因此对学生人文素质的评价也要从利于学生全面发展的角度出发，以适应社会需要为前提。对高校学生人文素质状况的评价，可以从学生的人文知识、人文思维与人文精神三个方面进行。

### 1.人文知识评价

对学生人文知识的评价应包括学生对人文知识和专业文化知识的掌握与学习氛围的评价，不仅是评价活动，也是学生人文知识的建构过程。

人文知识包括文学、历史、艺术、哲学、道德、语言等，评价时要考察学生对人文知识的掌握与运用，以及学生的学习和研究能力。

专业文化知识是职业价值观与职业能力形成的基础，因此，高校学生人文知识的评价应该包括对专业文化知识的掌握。

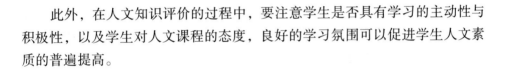

此外，在人文知识评价的过程中，要注意学生是否具有学习的主动性与积极性，以及学生对人文课程的态度，良好的学习氛围可以促进学生人文素质的普遍提高。

### 2.人文思维评价

思维以知觉为基础但是超越知觉的范畴，是人脑利用语言对客观事物进行概括或间接反映的过程，思维通过其他媒介间接认识客观事物，并借助已有的经验与知识对未知事物进行预测。

对高校学生人文思维的评价，也是对学生人文能力的一种评价方式，即评价他们能否将自己学习到的人文知识应用于对现实生活的思考等问题，并且考察能否较好表达自己的想法或观点。

### 3.人文精神评价

人文精神的形成是人文素质教育的根本目标。人文素质教育过程中，既要传授人文知识，更要培养学生的人文意识与人文精神，使学生可以形成正确的世界观、人生观与价值观。对高校学生人文精神的评价应该包括人文思想与职业价值观两个方面。

人文思想的评价要关注学生是否具有人生理想与奋斗精神，职业价值观的评价要关注学生是否具有职业精神与认同感。人文精神是人文教育评价过程中的重要环节，也是评价过程中的难点所在。

### （三）对人文素质教育教学过程的评价

#### 1.课堂教育评价

课堂教育是教育的最传统最常见的渠道，也是人文素质教育的重要途径，因此，对人文素质教育教学过程的评价最首要的就是对课堂教育进行评价，可以从人文课程、人文课程比重与教学效果几个方面进行评价。

首先，人文课程是高校人文素质教育的重要组成部分，很大程度上影响着整个人文素质教育。人文课程一般包括核心课程与辅助课程，核心课程指与专业相关人文课程，辅助课程则指其他选修课。以马克思主义理论这一理论为例，"马克思主义哲学""毛泽东思想"等都是人文课程中的核心课程，而且是该专业每位同学的必修课程；辅助课程中又分为专业选修与公共选修，专业选修课程如"西方哲学史""中国古代思想史"等，公共选修课程如"教育学""心理学"等。此外，针对不同年级，也有不用的人文素质教育目标，因此，课堂教育的评价需要关注课程的针对性系统性、理论性、逻辑性与课程的交叉整合等。

其次，人文课程在所有课程中的比重可以反映出学校对人文素质教育的重视程度，在评价时需要参考人文课程的课时数量，一般情况下，人文课时数量不应少于一门专业基础课的课时。此外，学校的人文素质教育活动如讲座、社团活动、校外实践活动等也可以纳入课程体系中进行评价。

最后，人文教育课程的评价要落在效果上。授课效果主要看学生通过课堂接受人文知识的程度，可以参考课堂气氛、学生学习态度、教师授课方式以及学生的考核成绩等，课程实效性的评价主要是评价学生在接受人文教育之后自身的人文素质是否有所提升。

2. 校内外人文环境评价

校园人文环境是人文素质教育中的隐性环节，一所学校的校训、办学理念、校风、人文景观、人文活动、人文教育师资等都会影响在校学生的人文素质，对校园人文环境进行评价，可以从以下几个方面入手。

第一，学校是否践行了校训中的人文要素，学校校训通常是以"做人""求知"为出发点的，可以观察在课堂中、校园活动中是否有校训的思想指导。

第二，学校是否有相当数量学生参与的活跃的各种校园文化活动，很多学校社团名存实亡，因此，不仅要看是否有，还要看各种人文活动的覆盖人数。

第三，学校是否能够培养在工作中有一定影响力的毕业生，具有社会正面影响的人物通常都具备较高的人文素质，因此，大学可以培养出多少有社会影响力的人才，也可以说明学校的人文环境如何。

## 二、人文素质教育评价意义

人文素质教育评价是一项十分复杂且现实的工作，我国的人文素质教育及其评价目前都处于不断发展过程中，坚持对人文素质教育评价进行研究，对教育实施、教育效果等都有着重要影响，其评价意义与价值如图7-2所示。

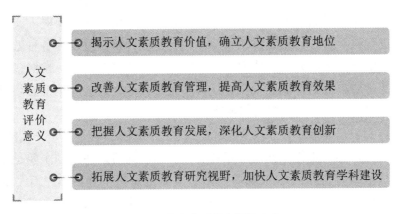

人文素质教育评价意义

- 揭示人文素质教育价值，确立人文素质教育地位
- 改善人文素质教育管理，提高人文素质教育效果
- 把握人文素质教育发展，深化人文素质教育创新
- 拓展人文素质教育研究视野，加快人文素质教育学科建设

图 7-2　人文素质教育评价意义

### （一）揭示人文素质教育价值，确立人文素质教育地位

人文素质教育是高校教育工作的重要部分之一，其地位不言而喻，随着社会主义进入新时代，对学生人文素质的教育备受重视，理论研究已经趋于完善，但是实践并未做到与时俱进，一些高校的人文教育具体实践与社会的人文要求存在一定差距。人文素质教育在我国的教育改革与教育教学中发挥着重要的作用，但是其重要地位并未在各学校都牢固确立，常常摇摆不定，很多课程只停留在理论层面，教师在完成授课任务，学生只想拿到学分，并不能真正理解和把握人文素质教育的现实价值。

研究人文素质教育评价，就是要从根本上弄清楚人文素质教育评价的基本原理与技术方法，从而科学揭示人文素质教育的价值。当然，人文素质教育本身具有一定复杂性，要对其进行科学全面研究是有难度的，但是不能因此就想当然地进行主观臆测评价，或者通过政策进行口号式评价，只有加强人文素质教育评价理论研究才可以更好地指导评价实践活动。

长期以来，正是由于缺少科学的评价体系，人文素质教育的价值无法及时、客观、公正地反映和体现，特别是很多学生甚至教师都认不清人文素质教育的客观效果与价值，在人文素质提升方面显得投入不足。因此，加强人文素质教育评价的研究，有利于从根本上改善外界对人文素质教育的忽视问题，推进评价对教育的改进与自我的主动，进而强化人文素质教育教学的内部机制与功能。

### （二）改善人文素质教育管理，提高人文素质教育效果

开展人文素质教育评价的研究，实施科学的人文素质教育评价，是国

家、社会、学校对高校人文素质教育教学管理的迫切要求。要对人文素质教育教学进行科学管理，就要对教育对象进行客观评价，可以为各种教育决策提供科学依据。例如人文素质教育应该实行何种体制与机制，按照多少比例配备人文素质教育的专兼职人员应该有多大投入等，这些问题都必须经过客观科学的评价才能得到正确可行的决策。

具体到每所学校，人文素质教育与教学的归化、改革方案、机构设置、人员安排等，都需要科学证明与客观评价。以往面对这些问题主要是靠经验决策，虽然带有决策者的主观评价因素，但是显然不够科学，有一定局限性。现代科学技术的发展与社会的进步对人文素质教育教学提出了更新更高的要求，因此，人文素质教育也要做到科学决策，科学决策的基础就是科学评价。

此外，人文素质教育评价是人文素质教育过程中必不可少的一环，在整个教育过程中可以起到调节、规范的作用。科学的评价体系不仅为教学目标的确立、教学内容的确定、教学方法的选择提供了依据，而且对结论进行了评价。评价活动本身可以形成更加深远和持久的内在驱动力，从而提高人文素质教育的内外动力与在教学发展中的有效性。

人文素质教育评价是教学工作与教育价值的衔接，加强对人文素质教育评价的研究，可以进一步加深对人文素质教育过程的认识，同时不断提高人文素质教育的前瞻性、针对性与实效性。

### （三）把握人文素质教育发展，深化人文素质教育创新

回望人文素质教育教学工作在我国的发展，推进了教育改革创新的进程，同时也也存在人文素质教育与专业知识教育之间无法平衡与结合的现象，人文素质教育在曲折中不断前进。很多教师、学者都不约而同地提出，人文素质教育教学需要改革与创新，于是这方面的理论研究不断完善，但是实践却明显落后于理论，究其原因，就是缺乏科学的人文素质教育与教学评价机制，无法把握人文素质教育与教学的整体发展动向。

只有通过科学的人文素质教育和教学评价，才能真正把握人文素质教育的效果和价值，区分影响人文素质教育有效性的复杂因素，找到各因素与教育效果和价值的内在联系。因此，在人文素质教育探索过程中，不能为改革而改革或为创新而创新，只有认真开展人文素质教育教学评价的理论研究，掌握人文素质教育教学评价的基本原理和方法，正确实施人文素质教育及其评价，从而为人文素质教育教学的改革创新提供科学依据。

### （四）拓展人文素质教育研究视野，加快人文素质教育学科建设

从 20 世纪 80 年代至今，我国的人文素质教育研究主要依靠主观思辨与经验描述，相对缺乏坚实有力的科学依据，这也是一些人对人文素质教育的科学性提出质疑的主要原因，在这点上可以借鉴国外社会科学研究的经验，即在科学事实资料的基础上建立自己的研究。因此，应该充分认识人文素质教育教学评价研究的方法论意义及其科学化过程对整个人文素质教育教学建设的意义。

一方面，人文素质教育评价是建立和完善人文素质教育学科理论理论体系的需要。人文素质教育的课程建设目前还处于摸索阶段，缺乏以往的经验总结与数据沉淀，特别是缺乏科学的定量分析，许多感性认识与经验尚未上升到理性高度。人文素质教育的教学评价以马克思主义认识论与价值论为基础，运用教育统计学、模糊数学、计算机技术等相关学科的理论和方法，必将进一步拓展人文素质教育研究的视野，促进人文素质教育课程理论体系的建立和完善。

另一方面，人文素质教育评价是高校人文课程持续专业化科学化发展的必然要求。首先，人文素质教育评价要以人的发展与社会发展的需要为衡量标准，对现实的人文素质教育进行价值判断，使受教育者摆脱被动，成为人文素质的自主学习者。其次，人文素质教育评价对人文素质教育持续发展的价值进行进一步的高级价值判断，引导人们确定努力的方向，有重点地进行人文素质教育，促进人文教育的不断专业化。最后，通过对人文素质教育的评价，可以规范相关教育活动，实现人文素质教育的价值，促进教育改革与发展，进而满足人与社会发展的需求。

# 第二节　人文素质教育评价原则

人文素质教育的评价关系着人文素质教育教学活动与教育质量，因此在评价的准备与进行工作中，要遵循一定的原则，科学、客观、全面进行人文素质教育的评价。

## 一、人文素质教育评价的特点

人文素质教育的评价应该具有如图 7-3 所示的几个特点。

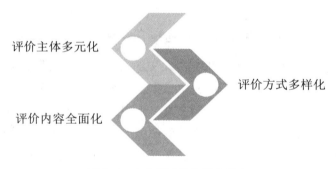

评价主体多元化

评价方式多样化

评价内容全面化

图 7-3　人文素质教育评价特点

首先，高校人文素质教育评价具有主体多元化的特点。在对高校的人文素质教育进行评价时，要坚持公正客观，综合多方面因素全面多维的评价，这就需要评价主体的多元化。评价主体既要包括学校管理部门、教师、辅导员、学生，也要包括相关社会组织及其成员，比如学生在社会实践或实习活动中，校外人员对学生的评价，这样多元评价可以得出比较客观、公正的评价结果与评价结论。

其次，高校人文素质教育评价具有方式多样化的特点。人文素质教育评价不光要关注结果，更要重视过程，采取多种评价方式：

第一，对教育效果进行全方位考察，给出定量与定性评价；

第二，关注评价过程的连贯性与持续性，结合静态评价与动态评价；

第三，加强教育过程评价，结合过程评价与结果评价。

这样多种评价方式结合，可以从更多维度对人文素质教育评价提供科学、合理的过程保障。

最后，高校人文素质教育评价具有内容全面化的特点。现在很多高校的人文素质教育评价制度存在偏颇，对于人文知识、具体技能的训练与考察偏重，这并不利于发挥评价机制对学生全面提高人文素养的指导作用。因此，在评价内容方面，应该扩大到教育的全过程，比如对学校层面的评价要综合教育思想、教学质量、管理水平与社会影响等方面，对学生层面的评价不仅要包括人文知识与技能，还要包括学生的个体人文素质与人文精神的考察。此外，人文素质教育内容具有深厚的文化底蕴与鲜明的时代意义，因此评价指标体系也要顺应时代发展不断调整改进。

## 二、人文素质教育的评价的原则

正确科学的评价是强化人文素质教育的关键，在对学校人文教育活动进行评价时，应遵循如图 7-4 所示的几个原则。

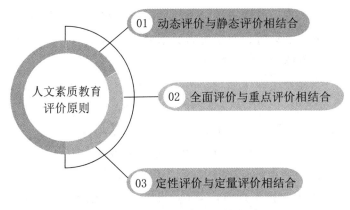

图 7-4　人文素质教育评价原则

### （一）动态评价与静态评价结合

首先，人文素质教育评价要遵循动态评价与静态评价相结合的原则。静态评价主要考虑被评价主体的即时状态与结果，如评价某一时刻的学生的人文素质；动态评价则是对学生在接受教育前后人文素质的变化进行评价，侧重的是被评价主体在一段时间内前后的变化。

动态评价是跨越多个时间点对学生的改编进行观察与评估，利于了解学生动态认知历程与认知能力变化的特点和潜能，动态评价有双重含义：一是为了解学生的认知能力与认知历程的动态变化的潜力和能力，跨越多个时间点对学生进行观察，评估学生的变化与进步，可以采用"评价－人文素质教育－再评价"的程序；二是评价者与被评价者之间产生大量互动，将评价与教学结合，实施个体化的诊断评价与教学培养。动态评价的过程是经过充分的沟通与互动的交流过程，有利于对学生教学反应与学习历程进行持续性评价。

静态评价与动态评价之间具有很强的相关性，在一段时间前后两个时刻的静态评价结果的比较可以反映这段时间内容评价主体的动态评价结果，动态评价可以视为由无数个静态评价结果结合而成的。如何合理应用静态评价和动态评价方法，可以根据具体的评价主体、评价目的来决定，即侧重某一时刻的人文素质还是某一时间段的教育效果。

### （二）全面评价与重点评价结合

人文素质教育评价要遵循全面评价与重点评价相结合的原则。为展现出人文素质教育在各方面的效果，要对学生多方面表现进行全面评价，比如需要评价学生课堂表现、测验成绩以及校园活动的参与度和在活动中展示出来的合作能力、创造能力等，对学生人文素质的评价要综合这些所有层面的表现，因为人文素质体现在学生生活、学习、活动的方方面面。

此外，对学生的人文素质评价也要有所侧重，人文素质包含非常丰富、广泛的内容，要想使个体在人文素质的方方面面都达到很高水平几乎是不可能的，因此全面评价一般用于基础人文素质，比如基础人文知识、道德素养、法律观念等。但是对于专业相关的或者更高水准的人文素质的评价，则要突出重点，不能一概而论，要针对学生的专业等背景有所侧重地进行评价。

在评价过程中，根据评价内容的不同，具体选用不同的处理信息的方法，例如在信息的收集阶段可以采用走访座谈、抽样调查、问卷调查、现场勘查等方法；在信息整理阶段可以采用对比参照、综合分析、反馈调整等方法；在结果汇总定性阶段可以采用模糊综合测评、评分评语综合等方法。

总体来看，对人文素质教育的评价要坚持全面与重点相结合的原则，针对不同的学生、不同的层面采取不同的评价方法，力求做到科学客观的评价。

### （三）定性评价与定量评价结合

最后，人文素质教育评价要遵循定性评价与定量评价相结合的原则。定性与定量研究方法相结合的常用模式有三种；一是序贯结合，即先找出问题再进行调查，用定量方法找到关键问题，再使用定性方法进行调查；或者先进行探索性研究找出参考变量，再采用定性方法。二是平行结合，即同时使用两种方法，做到优势互补。三是两种方法在微观的方法层次上进行结合，如在一个相关的应答者样本中进行焦点组访谈，为一项调查问卷的设计或验证拟定一份草稿。

将定量研究与定性分析结合的方法，兼有客观准确的数据与科学的研究方法，这样可以提高人文素质教育评价的有效性。定量研究侧重比较与终点结局，定性研究则侧重通过沟通了解评价对象的观点和感受。在许多研究项目中，都是将这两种方法结合使用的，高校的人文素质教育评价必然也是要二者结合的。

人文素质教育的评价体系一项是人文素质教育大工程中的一个重要课题，同时也是其中的薄弱环节，目前依然有很多问题需要解决，有很多难关需要克服。相信随着教育界的重视与相关部门和学校的努力，人文素质教育评价工作一定会向着科学的方向前进。

# 第三节　建立健全评价与保障机制

在当今社会背景下的高校教育中，人文素质教育无疑是非常重要的内容，随着教育界对人文素质教育的大力倡导，以及现代社会对人文素质水平较高的人才的需求，许多学校越发重视人文素质教育，随之而来的，还有对人文素质教育如何持续高校开展的研究。很多学者指出，要想真正落实人文素质教育，必须要建立科学可靠的保障机制与评价机制，使学校人文素质教育的开展有依据、有标准、有要求。

## 一、建立科学的考核评价机制

人文教育的终极目标是使学生将人文知识内化为人文精神与做人的基本素质，应该建立一套评价机制，激发学生自觉、积极地加强学习，在提高人文素质的同时，将人文教育转化为自我教育，以促进学生自觉提高综合素质。因此，对学生人文课程学习的评价不仅要停留在课堂上，还要将学生的实际行动融入相关人文课程的评价体系中。

目前，我国高校中人文素质教育评价主要有三种方式：

第一，人文素质教育以辅修课或选修课形式进行，教学目标与学分明确，学生可以获得相应的学分或结课证书等；

第二，作为开卷或闭卷考试的必修课，以学生的笔试或面试成绩为评价标准，只有达标者才能获得相应学分，否则不予毕业；

第三，采取课程评估与社会实践结合的方法，如规定学生每学期参加一定时间的校园实践或社会实践活动，并开具相关证明，以此作为毕业、评优等的考核指标。

这三种方法各有优缺点，前两种比较简单易行，但是依然是教师主体的教育，一定程度上增加了学生的课业负担，并且给人文素质教育添上了功利色彩，并未真正触及人文素质教育的内核。第三种方法考虑到学生的实践活动，具有一定科学性与合理性，但是这种评价机制也可能出现弄虚作假的情况，而且受制于各方面的压力，学生可能无法感受到人文精神。

建立一种科学的、现实的、可操作性的评价体系与机制，应该遵循以下原则。

首先，从学生对人文知识的学习着手，以激发学生对人文精神的追求的强烈愿望为立足点和落脚点。

其次，评价标准要做到多维度、多层次、多方面，不应过分细化、量化、程序化，比如学生的人文素养、公益活动、文体活动、校园人文活动等的参与和表现，都可以作为评价参数，此外，评价方式也要多元化，可以由教师评价与学生互评共同构成。

最后，人文素质评价的目的在于更好地推动人文素质教育发展，不应该给教师和学生造成过重的负担与压力，应该处处体现人文关怀，动不动就与毕业挂钩会大大降低学生主动提升人文素质的积极性。

## 二、建立可靠的社会保障机制

高校人文素质教育的有效实施，还需要全社会共同的关注与参与，高校教育在社会资源配置中应该占有更大的比重，为人文素质教育提供坚实的物质保障。同时，要避免高投入低产出，立足当代高校发展，有效将以片面专业教育为中心的教育模式，转变为以人的全面、自由发展为中心的素质教育，形成社会投入与高效培训回馈社会的良性机制。要建立可靠的社会保障机制，可以从以下几个方面入手。

首先，积极倡导社会主义核心价值观。美国学者托马斯指出，人的态度必有其对象，态度是与对象相对存在的，这个对象就是社会价值。随着经济、文化等方面的发展，我国存在很多不同性质的价值观，集体主义与个人主义并存，服务人民与拜金主义并存等，这些不同的价值观也对社会主义主导价值观造成了影响，一些不利于精神文明建设的价值观要被抛弃，而那些有助于社会精神文明建设的价值观要积极弘扬。

全社会都要积极弘扬爱国主义与集体主义，加强理想信念教育。我国的社会主义核心价值观包括"富强、民主、文明、和谐，自由、平等、公正、法治，爱国、敬业、诚信、友善"，这是以爱国主义为核心的民族精神与以改革创新为核心的时代精神的鲜明体现，为我国公民的道德建设树立了标杆。只有在全社会倡导社会主义核心价值观，才能使全社会形成积极向上的风气，改善整体人文环境，这是学校人文素质教育与学生人文素质提升的最可靠保障。

其次，要加强教学管理，引导学生自觉学习。学生的自主学习是人文素质教育的内在屏障，只有激发学生学习的动力及兴趣，才能保证人文素质教育的高效推行。一方面，要结合专业教学调整教学计划，增加人文学科的必修课数量；另一方面，要为教师配备有效教育教学设备，有目的地增加人文学科的选修课，建立灵活多样的选修课制度，鼓励学生多学习人文知识。同时，教师也要积极改进教学手段与教学方法，提高自己的教学水平，做到与时俱进，增强人文素质教育的趣味性与吸引力，从而提高学生提升自我素质的积极性与自主性。

最后，构建终身教育体系。终身学习是当今社会发展的必然要求，一次性的学校教育已经不能满足人们不断更新知识的需要，因此要逐步建立完善有利于终身学习的教育体系。学校要进一步向全社会开放，充分发挥学历教育、非学历教育、继续教育、职业技能培训等功能。通识教育、专业教育、高等教育、成人教育等要注重相互练习沟通，为学习者提供多种受教育机会。

此外，随着互联网技术发展，还可以依托远程教育网络，覆盖全国城乡开放教育体系，为全社会提供多层次、多样化、多维度的教育服务。终身教育是对传统教育理念和理论的更新，是充满生机与灵感的教育思潮。只有全体公民不断进步，才能有效提高全社会的整体人文素质，推进社会主义精神文明建设。

高校也要积极开展学习指导，使学生了解和掌握基本知识，掌握继续学习的基本技能，树立自觉学习的态度。此外，还要培养学生灵活的思维能力与创新能力，培养高尚的情操与审美情趣，磨炼强健的体魄与健康的心理，以使学生可以适应未来学习和生活的变化与需求。这就意味着，教育必须在各个方面取得平衡，以全面提高人的素质为目标，而不只是知识的传授。只有树立终身学习的理念，打下终身学习的基础，才能积极面对不断变化的社会。

# 第四节　人文素质教育未来展望

自20世纪90年代以来，人文素质教育一直是大学教育中的重点与难点，当代大学人文素质教育要充分发挥文化育人功能与文化传承创新作用，将大学生人文素质的培养与承担建设文化强国的历史使命相联系，不断提升教育质量、改革人才培养体制，这样才能使社会主义核心价值体系深入人心，以全面培养大学生的人文素质。

## 一、致力于提升高等教育质量

教育的根本目标是促进人的全面发展，越来越多的教育工作者认识到人文素质教育对于人才培养质量的积极作用，提倡从加强人文素质教育来推进素质教育。

20 世纪末，我国高等教育提出规模与数量拓展的需求，到今天，高等教育已经从精英化转为大众化，但是数量的扩张也给质量带来了一些负面影响，今天我们一直强调高等教育要注重质量，是因为只有提升质量，才能实现教育的目的。所以，在高等教育中，必须坚持实事求是，遵循教育规律，回归教育本源。

提到教育，最常引用的一句话是"十年树木，百年树人"，这里的"十年""百年"并非实指，而是说培养人才是一件长期的事情，成本高且周期长，但是一旦成功，对社会有着深远的正面影响，受到良好教育的学生，直接者可以有卓越的社会贡献，间接者可以形成良好的社会风气并影响后世。

今天，要提升高等教育质量，最重要的一点是要做到"以人为本""以学生为本"，这也是近年来大学管理改革的指导性理念之一。要做到"以人为本"，要维护好学生的根本利益，学生的根本利益不是拿学分、拿证书，而是要将学生培养为一个有健全人格、有明确目标、有清晰责任感的人，成为一个独立自主、自由发展、有实践能力与创新精神的人，这才是青年学生的根本利益。只有让学生明确自己的发展方向与如何才能成长为全面的人，才是真正落实"以人为本"。人文素质教育的价值就在于把握教育的方向，弱化教育过程中的功利性，将大学与大学生塑造为社会主义现代文明的传承者与开拓者。

要提升高校教育质量，还要发展好学生的学习能力，挖掘学生的无穷潜力，促进他们的自我发展与自我学习，并引导学生树立终身学习的理念。如果学生只是被动接收知识而不能通过自己的思考去触及知识内核，就不可能做到学以致用、触类旁通，这也是为什么很多学生在毕业后面临种种困境的原因之一。教师要真正做到"授人以渔"，将知识的系统、方法、价值传授给学生的同时，培养他们终身学习与思考的能力，这样学生才有能力应对不断变化的社会新格局的挑战。

要提升高校教育质量，做到以人为本，要尽可能帮助学生解决实际困难。在求学路上，学生会遇到很多阻力与困难，有来自外部的，也有学生自身的，对这些困难进行分类解决，一方面为学生提供良好的学习环境，另一方面引导学生自主克服困难，增强其抗挫折抗压力的能力。人文素质教育不仅需要教育，更需要人文关怀，人文关怀则需要教育者对受教育者的心声充分倾听并给予回应，这样也可于润物无声中影响受教育者的心路历程。

人文素质教育的落实离不开高等教育的质量提升，反之，人文素质教育又会推动高等教育的进步。只有全面提升高等教育质量，巩固师生对人文素质教育的重视，才能实现学生素质的提升，构建良好的人文素质教育体系。相信随着教育界对高等教育中人文素质教育的愈发重视，我国高校人文素质教育一定会迈上新的台阶。

## 二、致力于改革人才培养体制

传统的统一教学、统一管理的人才培养模式越来越不能适应社会对人才的需求，因此，高校的人文素质教育要与人才培养体制改革结合起来。深化教育体制改革，关键在于更新教育观念，核心是改革人才培养体制，目的在于提高人才培养水平。

首先，要更新教育观念。蔡元培曾说"教育是帮助被教育的人，给他能发展自己的能力，完成他的人格"，这句话一方面规定了教育的范围与限度，不能对个体造成侵害，另一方面也说明了教育的重要作用于巨大可能性。现实中，教育帮助受教育者的方式多是知识的灌输，这种教育方式可以给予受教者知识，但是无法给予他们真正的才能。

要想通过高等教育培养人才，要将灌输转变为熏陶。高等教育的对象是青年学生，他们处于人生观、世界观、价值观形成的黄金时期，并且有着积极探索人生的欲望，会主动观察社会、认识自我，同时也迫切需要得到有经验者的指点，但是他们内心又充满着"成人感"，渴望得到平等对待与尊重，不喜欢被说教，因此在高等教育过程中要特别重视熏陶的作用。

其次，高等教育要改革教育教学内容，处理好"博"与"专"的关系。人的知识结构要像一个金字塔，先有广博的知识储备作为基础，这样"专"才是个性化的"专"，而不是一个模子倒出来的"专"。人类的文化是一个有机整体，各种文化都是在相互支撑、相互补充中才共同推动人类社会的向前发展，现代高校中的人文素质教育被长期忽视，也带来了很多不良影响。在自然科学与社会科学渗透发展的今天，培养复合型、创新型人才已经成为国内外教育界的共识。人文素质教育虽然不能直接作用于专业技能的提升，但是可以拓展学生的知识视野，提高品格修养，使学生可以站在比较高的精神境界与比较宽的人文视野中启发思维、审视自我，这样对学生在专业领域的学习与学生本身的长远发展都是十分有益的。

最后，高等教育要创新教育教学方法。教师与学生之间要从一种主体认识客体的关系，转变为主体理解客体的关系，将学生视为学习过程的主体，注重激发学生的学习主动性。表现在教学方法上，主要有如图 7-5 所示的几个具体途径。

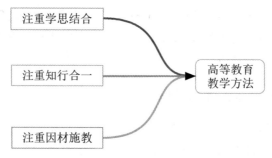

**图 7-5　高等教育教学方法创新途径**

第一要注重学思结合，推行启发式、探究式、讨论式、参与式教学，营造学生可以自由探索、积极创新、独立思考的良好环境。

第二要注重知行合一，坚持理论联系实际，鼓励学生积极投身社会实践，同时开发各种实践课程与活动课程，充分利用社会教育资源，开展各种课外与校外活动。

第三要注重因材施教，关注学生的特点与个性差异，推进分层教学、导师制教学等教学管理制度改革，给予学生选择课程、活动的自主权。

## 三、致力于建设文化强国

在当代中国，文化不仅是发展的手段，更是发展的目的，建设文化强国就是要通过精神文明的建设，促进物质文明、政治文明、生态文明等全面、协调、可持续发展，同时推动全世界向和平、和谐的方向前进，为人类文明的进步做出贡献，就像毛泽东曾经说的"中国应该对人类有更大的贡献"。文化强国的目标对国民素质与文明教养提出了更高的要求，文化强国需要从文化强人做起，这对大学的人文素质教育来说是非常好的发展机遇。

大学的重要功能之一就是推进文化传承创新。大学教育的必要性就在于使年轻一代接受并继承已有的文化，同时生产新的精神产品，如新理论、新技术等。教育与文化是密不可分的，教育的功能之一就是传播、继承与发展文化，文化通过教育得以传承和创新，从而推动文化与整个社会的不断发展进步。

在建设文化强国的时代背景下，大学的人文素质教育要积极承担起文化与人的历史使命：第一，要充分发挥社会主义核心价值体系在大学建设、人才培养上的引领作用；第二，要不断满足当代大学生对精神文化的内在需求，促进大学生群体精神世界的极大丰富；第三，加强对本土文化和民族精神的教育引导。

对今天的大学生而言，普遍存在对文化载体的强消费与对文化本身的弱吸收之间的矛盾，一方面，现代大学生不缺少先进的文化条件与文化载体，比如各类电子产品，但另一方面，他们对人类文化的吸收是远远不够的，对传统文化样式的认知也比较单一，同时，今天的新媒体将文化娱乐化、扁平化，也会给青年学生造成误导。因此，大学人文素质教育更要致力于社会主义核心价值体系的弘扬和传播，社会主义核心价值体系就是当代中国文化的核心。

随着对人文素质教育的重视，中国文化也必将走入每一位学生的心中，大学生群体的人文素质的提升，必将带动整个社会的人文环境的良好发展。大学人文素质教育要坚持社会主义核心价值体系，大力弘扬以爱国主义为核心的民族精神，传承民族优秀文化，培养高度的文化自觉与文化自信，增强学生的爱国主义情怀与民族自信心，为建设社会主义文化强国提供良好的教育环境与人才保障。

# 参考文献

[1] 陈强.新时代高职院校人文素质教育研究 [M].昆明：云南大学出版社，2020.

[2] 张吉良，刘明敏.人文素质教育教程 [M].济南：山东人民出版社，2013.

[3] 毛元金，张小娟.大学语文 [M].昆明：云南大学出版社，2020，08.

[4] 吴小英.大学人文素质教育新论 [M].杭州：浙江大学出版社，2012.

[5] 谢昭新，张器友.大学语文与人文素质教育研究 [M].合肥：合肥工业大学出版社，2011.

[6] 侯丹.大学语文创新教育研究 [M].长春：吉林人民出版社，2018.

[7] 邵子华.大学语文教育学 [M].北京：人民文学出版社，2016.

[8] 彭书雄.大学语文教育改革的理论与实践 [M].武汉：崇文书局，2007.

[9] 王双同.大学语文教育研究 [M].北京：中国商务出版社，2019.

[10] 文智辉.大学语文教育与教学研究 [M].长沙：湖南大学出版社，2019.

[11] 毛丽.大学语文教学与传统文化研究 [M].北京：北京工业大学出版社，2021.

[12] 宋康健.现代大学语文教学研究 [M].吉林出版集团股份有限公司，2018.

[13] 哈佛委员会，李曼丽.哈佛通识教育红皮书 [M].北京：北京大学出版社，2010.

[14] （美）罗伯特·M.赫钦斯.美国高等教育 [M].杭州：浙江教育出版社，2001.

[15] （美）卡尔·罗杰斯.论人的成长 [M].北京：世界图书出版公司北京公司，2015.

[16] （美）哈佛委员会.自由社会中的通识教育 [M].北京：北京大学出版社，2015.

[17] Harvard University.Introduction to the Core Curiculum: A Guide wor Freshmen[M].1992.

[18] Loveless, Douglas, et al. Deconstructing the Education-Industrial Complex in the Digital Age[M]. IFI Global, 2017.

[19] Damon,William. Bringing in a new era in character education[M] Stanword: Hoover Press, 2013.

[20] Muphy M. Character education in America's blue ribbon schools: Best practices wor meeting the challenge[M]. R&L Education, 2002.

[21] 刘新. 人文素质教育视域下的大学语文教育教学实践 [J]. 食品研究与开发，2020，41（23）：260-261.

[22] 冯大建，迟宝东，刘子琦. 高校人文素质教育在线教学的思考——兼谈南开大学"大学语文"在线课程建设 [J]. 中国大学教学，2014（08）：24-28.

[23] 邓梦兰. 高职院校《大学语文》教学中渗透人文素质教育的探索与实践 [J]. 职教论坛，2013（32）：66-68.

[24] 田猛，刘华，薛宝林. 网络环境下高职院校文化素质教育的缺失与重构——以"大学语文"课为例兼论其他 [J]. 黑龙江高教研究，2012，30（12）：121-123.

[25] 张冬梅. 大学语文教学与人文素质教育 [J]. 现代教育科学，2008（11）：65-67.

[26] 蒋雪艳，付成波. 高职院校人文素质教育与大学语文教学 [J]. 中国成人教育，2007（05）：73-74.

[27] 石俊霞. 探析《大学语文》与人文素质教育的关系 [J]. 教育与职业，2005（36）：132-133.

[28] 董根清. 大学语文与素质教育 [J]. 南京政治学院学报，2000（02）：38-42.

[29] 王树荫. 人的彻底解放与全面发展——中国共产党百年思想政治教育的价值导向 [J]. 马克思主义研究，2020（10）：95-107+168.

[30] 甘湘宁. 浅析课程思政对高职校园文化建设的促进作用 [J]. 科教文汇，2022（06）：33-36.

[31] 刘雪琪. 国外通识教育对我国高校教育教学的启示——以美国、日本和新加坡为视角 [J]. 西部素质教育，2022（06）：88-90.

[32] 吴欣桦. 媒体融合环境下高职校园文化传播策略 [J]. 文化产业，2022（08）：19-21.

[33] 彭超. 新文科视野下的文学教育 [J]. 文学教育（上），2022（03）：181-183.

[34] 杨雪. 浅析大学语文教学与学生人文素养教育 [J]. 内江科技，2022（02）：157-158.

[35] 李云. 课程思政视野下大学语文教学实践探究 [J]. 文化产业，2022（05）：151-153.

[36] 高惠宁，田旭红，赵月霞，王晓谦. 论高校大学语文教学与人文素质培养 [J]. 高教学刊，2022（04）：76-79.

[37] 傅永梅，杨钰雅，陈建建，高慧.高校学生人文素质教育引入策略分析 [J].黑龙江科学，2021（23）：132-133.

[38] 韩莉，蒋明."五途径五课堂"人文素质培育体系的探索与思考 [J].中国医学伦理学，2021（11）：1475-1479.

[39] 蔺忠绘."互联网＋"背景下高职院校大学语文教学策略研究 [J].连云港职业技术学院学报，2021（03）：89-92.

[40] 霍楷，马飞扬.一流大学美育教育机制建设及趋势研究 [J].创新创业理论研究与实践，2021（15）：91-93+96.

[41] 王仁芬.大学语文对人文素养的提升策略——以川北幼专学前教育为例 [J].课外语文，2020（30）：26-27.

[42] 张琼.借助大学语文，实现课程育人 [J].高教学刊，2020（23）：90-92+95.

[43] 王靖宇.大学语文教学的人文素养培养功能探索与实践 [J].文化创新比较研究，2020（19）：85-87.

[44] 张丽萍.浅谈高职院校语文教学在加强人文素质教育中的重要性 [J].辽宁师专学报（社会科学版），2020（03）：39-41.

[45] 魏兰好.人文素质教育融入高职大学语文教学的对策分析 [J].科教导刊（下旬），2020（12）：136-137.

[46] 王莹.深化大学语文课程的文化传播功能研究 [J].教育教学论坛，2020（13）：155-156.

[47] 邓雪琴.人文素质教育在大学语文教学中的渗透 [J].西部素质教育，2020（02）：83.

[48] 张琼.借助大学语文，实现课程育人 [J].高教学刊，2020（23）：90-92+95.

[49] 李美珍，祁占勇.高校人文素质教育政策的变迁与展望 [J].高教发展与评估，2020（01）：59-68+114-115.

[50] 赵国靖，吕一军，刁小行.以"工匠精神"为核心的人文素质教育研究 [J].教育理论与实践，2019（27）：10-12.

[51] 赵敬立.重建大学语文教育的人文维度 [J].现代大学教育，2010（01）：93-99.

[52] 李瑞山.论大学语文的课程方向与内容构建 [J].中国大学教学，2007（06）：62-65.

[53] 章昌平.国内外高校人文素质教育研究与实践探析 [J].教育与教学研究，2017（11）：1-7.

[54] 金惠敏.高职语文教学中开展人文素质教育的问题与对策 [J].教育理论与实践，2017（09）：20-21.

[55] 眭依凡，俞婷婕，李鹏虎. 大学文化发展和建设历程研究——基于改革开放 30 年来的发展脉络 [J]. 中国高教研究，2015（10）：7-15.

[56] 张宏斌，冯文华. 中国高校人文素质教育研究 [J]. 高等教育研究，2014（12）：58.

[57] 陈少志，杨晓东，李秀萍. 新时期地方高校大学语文教学的走向与改革 [J]. 中国大学教学，2014（11）：69-72.

[58] 冯大建，迟宝东，刘子琦. 高校人文素质教育在线教学的思考——兼谈南开大学"大学语文"在线课程建设 [J]. 中国大学教学，2014（08）：24-28.

[59] 蒋承勇，云慧霞. 大学语文教学与大学生人文素养培育 [J]. 中国大学教学，2013（02）：53-55.

[60] 秦朝晖，傅书华. 论大学语文课程的定位与内容构建 [J]. 教育研究，2012（11）：78-82.

[61] 汪谦慎. 论人文素质教育资源在高校思想政治理论课教学中的应用 [J]. 思想理论教育导刊，2011（09）：78-81.

[62] 杭国英，武飞，武少侠. 高职院校人文素质教育评价体系构建 [J]. 高等教育研究，2011（07）：68-74.

[63] 周远清. 在更高层次上推进人文素质教育与科学素质教育的融合 [J]. 中国高教研究，2010（07）：1-2.

[64] Wehlburg C M. Meaning ful general education assessment that is integrated and transformative[J]. New Directions for Teaching and Learning, 2010, 2010（121）：89-97.

[65] Lindeman M, V erkasalo M. Measuring values with the short Schwartz's value survey[J]. Jounal of personality assessment, 2005, 85（2）：170-178.

[66] Lewis P, Rupp K. Liberal education in Asia: Trends, challenges, and opportunities[J]. New Global Studies, 2015, 9（3）：245-266.

[67] W. Kenneth Richmond. Culture and General Education:A Survey[J]. Routledge Revivals,2018.

[68] Jennifer R. Wies,Hillary J. Haldane. Applying Anthropology to General Education:Reshaping Colleges and Universities for the 21st Century[J]. Taylor and Francis,2022.

[69] 武文雯. 文化素质教育视域下高职《大学语文》问题与对策 [D]. 四川师范大学，2015.

[70] 张超超. 大学语文课程价值研究 [D]. 山西大学，2014.

[71] 谢晓娟.马克思主义人的全面发展与大学生人文素质教育[D].西南大学，2013.

[72] 李峰.习近平立德树人德育思想研究[D].湖南师范大学，2021.

[73] 陶执青.十八大以来高校网络文化建设研究[D].淮北师范大学，2021.

[74] 麻建帅.大学生美育现状调查研究[D].兰州交通大学，2021.

[75] 李昊灿.高校美育的思想政治教育功能研究[D].中国矿业大学，2021.

[76] 郑思佳.我国通识教育政策过程存在的问题及对策研究[D].河北师范大学，2021.

[77] 韦益.高职院校大学语文课程培育文化自信的路径研究[D].南宁师范大学，2021.

[78] 张太权.蔡元培教育思想对当前高校人文素质教育的启示[D].南京工业大学，2019.

[79] 孙磊.某高校人文素质教育培养现状分析及对策研究[D].河北医科大学，2018.

[80] 马启慧.关学与大学生文化素质教育研究[D].西安理工大学，2017.

[81] 张丽娜.温儒敏语文教育观研究[D].重庆师范大学，2017.